Les nouvelles
classes moyennes

Dominique Goux
Éric Maurin

Les nouvelles classes moyennes

LA REPUBLIQUE DES IDEES

Seuil

Collection dirigée
par Pierre Rosanvallon
et Ivan Jablonka

ISBN : 978-2-02-107147-4

www.seuil.com
www.repid.com

INTRODUCTION

Au cœur de la société française

La société française a changé de visage depuis une trentaine d'années. Tout le monde perçoit avec évidence quelques-uns des traits saillants qui la caractérisent désormais : la sécession des riches, avec son cortège d'inégalités patrimoniales, salariales et fiscales ; le développement du « précariat », situation où la précarité professionnelle et sociale ne traduit pas une difficulté transitoire, mais un état permanent ; la « galère » que vivent de nombreux jeunes, issus de l'immigration ou non, faiblement diplômés, qui naviguent entre chômage, intérim et petits boulots ; l'invisibilité sociale et politique à laquelle est réduit un nombre croissant de citoyens[1]. Ces situations dramatiques sont – hélas – bien connues.

En revanche, il y a deux composantes essentielles de la société française que l'on ne distingue pas assez, alors même qu'elles sont le résultat des plus importantes mutations sociales survenues depuis les années 1980 et qu'elles donnent la clé de toute la vie politique française. Il y a, d'un côté, le vaste

1. Voir notamment Thierry Pech, *Le Temps des riches. Anatomie d'une sécession*, Paris, Seuil, 2011 ; Robert Castel, *La Montée des incertitudes. Travail, protections, statut de l'individu*, Paris, Seuil, 2009, chap. 5 ; et Stéphane Beaud, Joseph Confavreux et Jade Lindgaard (dir.), *La France invisible*, Paris, La Découverte, 2006.

ensemble formé par les classes populaires salariées : cette France modeste jouit d'une certaine stabilité, mais la fragilisation des emplois d'ouvriers et d'employés, ainsi que la dégradation des conditions de travail, fait planer sur elle la menace de la paupérisation. Naguère détenteur d'une position sociale et politique de référence, ce groupe est aujourd'hui en difficulté[1]. De l'autre côté, il y a un ensemble – grandissant – de catégories intermédiaires, situées à égale distance des plus pauvres et des plus riches : les « nouvelles classes moyennes » de notre époque. Elles font l'objet de ce livre.

Ces nouvelles classes moyennes se caractérisent par trois traits fondamentaux : leur dynamisme, leur centralité sociale, leur position d'arbitre. Elles sont tenaillées par une anxiété d'où provient paradoxalement leur succès : coincées entre la peur de la chute et le désir d'élévation, elles ont su maintenir leur position tout au long de ces dernières décennies, au terme d'une compétition sans merci pour les statuts professionnels les plus protégés, les quartiers de résidence les plus sûrs et les diplômes les plus recherchés. Aiguillonnées par l'inquiétude, elles sont les acteurs les plus résolus de la compétition qui s'est emparée de notre pays à la faveur de la crise économique et de la démocratisation scolaire. Incarnant à la fois une « France qui tient » et une « France qui monte », miroirs autant que modèles, elles reflètent les peurs et les espoirs de notre société, ses doutes et sa brutalité.

Comment ces nouvelles classes moyennes en sont-elles venues à représenter le cœur de la société française ? Intermédiaires entre le « petit peuple » et la noblesse, les classes moyennes ont connu, à partir de la seconde moitié du XVIIIe siècle, une métamorphose continuelle : bourgeoisie du tiers état à la veille de la Révolution, noyau d'artisans-commerçants et d'employés au

1. Voir par exemple Stéphane Beaud et Michel Pialoux, *Retour sur la condition ouvrière. Enquête aux usines Peugeot de Sochaux-Montbéliard*, Paris, Fayard, 2005 (1999).

XIXe siècle, salariat protégé des Trente Glorieuses en ont constitué les plus notables figures. Mais ces classes moyennes n'étaient pas vraiment représentatives de la société française, alors largement dominée par la paysannerie et la classe ouvrière. Si les classes moyennes ont acquis aujourd'hui une incontestable centralité, c'est pour de multiples raisons : non seulement elles forment désormais un bloc « médian » au cœur des hiérarchies de revenus, non seulement elles expriment un certain consensus en matière de consommation et de goûts culturels, mais elles occupent une position de carrefour dans l'espace socioprofessionnel français, un point de passage vers le déclassement ou, au contraire, la promotion sociale.

Le paradoxe est frappant : alors que les classes moyennes sont le lieu où s'expriment les aspirations les plus intenses à l'ascension sociale et les craintes les plus aiguës de déclin, elles sont souvent envisagées sur le mode apaisé du « noyau stable » de la société. En ce sens, elles représentent la pièce la plus convoitée de l'échiquier politique. Ni prolétariat ni bourgeoisie, elles dessinent dans notre imaginaire ce groupe central qu'on ne peut déstabiliser sans faire basculer l'ensemble de la société, et sans l'appui duquel on ne peut espérer gagner aucune élection importante. Gambetta le savait bien : dans son célèbre discours de 1872, ce père fondateur de la IIIe République prophétisait l'avènement d'une « couche sociale nouvelle », composée de « travailleurs des villes et des campagnes », d'employés, de petits fonctionnaires, qui serait le principal soutien du nouveau régime. Aujourd'hui plus que jamais, les nouvelles classes moyennes sont le point focal des discours politiques ; et le surinvestissement dont elles bénéficient peut aller jusqu'à la caricature. Chaque camp essaie de mobiliser leur énergie à grand renfort de diagnostics alarmistes : la droite défend des classes moyennes « martyrisées » par les politiques égalitaristes, la gauche dénonce la « prolétarisation » des classes moyennes au profit d'une oligarchie financière.

Ces trois visages – acteurs pugnaces de la compétition sociale, centre de gravité de la société, arbitres politiques – expliquent que les classes moyennes soient devenues un enjeu décisif. Elles sont essentielles pour comprendre les transformations de notre pays et, sans aucun doute, son avenir politique immédiat.

À la recherche des « classes moyennes »

Bien que tout le monde sente intuitivement ce que peut recouvrir la notion de « classes moyennes[1] », il n'y a pas de définition qui fasse l'unanimité. Dès lors, de nombreuses inconnues subsistent quant à leur situation réelle. Sont-elles en déclin par rapport aux autres classes sociales ? Se sont-elles appauvries ? Voient-elles leurs enfants retomber en bas de l'échelle sociale ? Les réponses à ces questions restent largement incertaines, fluctuant au gré des agendas idéologiques et politiques des uns et des autres. Pour sortir de ce flou conceptuel, il faut comprendre en quoi, malgré leur très grande diversité, les classes moyennes représentent un groupe social bien défini, formant un principe de continuité entre le haut et le bas de la société.

Les classes moyennes peuvent se concevoir comme la combinaison d'un noyau dur de catégories sociales bien établies au cœur de la société et de périphéries plus lointaines et mouvantes. Il n'y a pas de consensus sur les frontières exactes de l'ensemble, mais la composition du noyau central semble difficile à contester, avec, d'un côté, le petit patronat traditionnel et,

1. Pour un portrait détaillé des classes moyennes et une synthèse utile des débats en cours, voir Serge Bosc, *Sociologie des classes moyennes*, Paris, La Découverte, 2008, ainsi que le numéro spécial collectif « Portrait social des classes moyennes », *Informations sociales*, n° 106, 2003.

de l'autre, un vaste salariat intermédiaire désigné par l'INSEE comme « professions intermédiaires ». Artisans, commerçants, techniciens, professeurs des écoles, cadres B de la fonction publique, représentants de commerce : ce large éventail de catégories intermédiaires représente aujourd'hui 30 % de la structure sociale, alors que les catégories supérieures (cadres, professions libérales et intellectuelles supérieures, chefs d'entreprise) en composent moins de 20 % et les ouvriers et employés à peine plus de 50 %.

Ainsi circonscrites, les classes moyennes agrègent des groupes sociaux extrêmement divers ; mais ces catégories partagent aussi quelques traits sociologiques fondamentaux, qui leur donnent une indiscutable unité. Le plus évident, c'est qu'elles disposent de ressources à la fois réelles et incertaines. Qu'il s'agisse de diplôme, de revenu, de patrimoine ou de logement, les catégories intermédiaires possèdent un capital à quoi s'accrocher ; pour cette raison, elles restent à distance des classes les plus modestes. Mais elles ne bénéficient pas pour autant de la sécurité des classes supérieures : leur situation, en effet, reste sourdement menacée par la déqualification, le chômage ou encore l'appauvrissement.

Ainsi définies, les classes moyennes ne sont pas en train de disparaître. En réalité, elles n'ont jamais été aussi fortes et n'ont jamais occupé une place aussi centrale dans la société française. C'est l'un des points de départ de ce livre. Le petit patronat traditionnel a enrayé son déclin séculaire, tandis que le salariat intermédiaire est devenu l'un des groupes les plus importants de l'échiquier social. Certains métiers – techniciens de maintenance, chargés de clientèle, animateurs de loisirs ou de formation continue – sont depuis quelques années parmi les plus créateurs d'emplois. Surtout, ces emplois sont plus que jamais les points d'arrivée et de départ de puissants flux d'ascension et de déclassement social. Ils forment un horizon de promotion sociale pour un nombre inédit d'employés et d'ouvriers, en même temps qu'ils représentent une menace de relégation pour un nombre croissant de cadres, notamment les cadres « maison », les moins diplômés et les moins armés pour rebondir en cas de défaillance de leur entreprise.

Ces échanges continuels entre le milieu, le haut et le bas de la société sont deux fois plus intenses aujourd'hui qu'ils ne l'étaient il y a seulement vingt ans. Ils accroissent les effectifs de ceux dont le destin social est, à plus ou moins court terme, lié à celui des classes moyennes. Au cours des dernières décennies, la proportion de Français qui se déclarent appartenir aux classes moyennes a d'ailleurs été multipliée par deux, débordant largement les frontières précises des catégories intermédiaires du salariat et du non-salariat. Les classes moyennes ne constituent plus cette petite avant-garde que rêvaient de rejoindre les enfants d'agriculteurs et d'ouvriers des années 1950 ; plus que jamais, elles forment le véritable centre de gravité de la société, celui autour duquel s'articulent les destins et les représentations.

Non seulement les classes moyennes ne sont pas en voie de disparition, mais – deuxième socle de ce livre – elles ne sont pas en situation de déclin par rapport aux autres groupes sociaux. Le « déclassement des classes moyennes » est l'un des thèmes récurrents de notre histoire politique et sociale[1]. La droite ne manque jamais de forcer les traits d'une classe moyenne rendue exsangue par un système fiscal trop lourd et des politiques de redistribution trop généreuses. La gauche n'est pas en reste, qui, à chaque grande crise, cherche à nouer une alliance stratégique entre les classes populaires et des classes moyennes « appauvries ». Il n'y a rien là de vraiment surprenant, tant il est évident qu'aucune grande réforme ne peut

1. Voir Éric Maurin, *La Peur du déclassement. Une sociologie des récessions*, Paris, Seuil/La République des Idées, 2009 ; et Thierry Pech, « Deux cents ans de classes moyennes en France », *L'Économie politique*, janvier-mars 2011.

aujourd'hui se mener sans le soutien d'une large partie des classes moyennes.

Quel déclassement ?

Si néanmoins ces discours tournent à vide, c'est que le « déclassement » des classes moyennes reste à bien des égards une fiction. Depuis les années 1980 et l'installation de notre pays dans une croissance économique lente, les membres des catégories intermédiaires n'ont guère reculé par rapport aux autres groupes sociaux dans les hiérarchies de salaires ou de patrimoines, pas plus que n'a augmenté, en leur sein, la proportion de personnes qui sont sur une trajectoire sociale descendante par rapport à leurs parents. Le prestige social de leurs professions reste aussi très fort, notamment pour la fonction publique.

Impossible, non plus, de parler de déclassement résidentiel. Il est indiscutable qu'une fraction non négligeable de familles des classes moyennes est aujourd'hui comme prisonnière de quartiers en voie d'appauvrissement qu'elles n'ont pas les moyens de quitter. Mais c'était déjà le cas il y a dix ou vingt ans. Surtout, une fraction tout aussi importante de classes moyennes continue chaque année de fuir ces quartiers en déclin et de s'assurer une « promotion territoriale ». Au fil des dernières années, l'environnement résidentiel des familles de classes moyennes n'a subi aucun véritable recul par rapport à celui des classes aisées et il demeure bien plus opulent que celui des classes modestes. De même, la proportion de propriétaires parmi les classes moyennes a continué d'augmenter tout au long des dix dernières années – y compris chez les jeunes ménages – en dépit d'une flambée des prix. La propriété du logement et la qualité de son environnement social sont deux dimensions à part entière du statut social, particulièrement pour les classes moyennes. Force est de constater qu'elles n'ont rien lâché dans ce domaine, en dépit d'un marché immobilier extrêmement tendu.

Si les familles des classes moyennes luttent aussi âprement pour garder leur position à l'échelle du territoire, c'est aussi qu'un quartier sûr et bien fréquenté est perçu comme essentiel pour la scolarité et l'avenir des enfants. L'école est plus que jamais « la » grande affaire, celle qui naguère a décidé de notre vie sociale et qui, aujourd'hui, détermine celle de nos enfants. En quelques décennies, l'école a acquis une importance absolument inédite, suscitant une angoisse profonde dans tous les milieux sociaux, notamment ceux pour lesquels elle représente la seule voie de promotion sociale.

Dans un contexte de compétition généralisée pour les filières les plus sélectives, les classes moyennes ont réussi à maintenir, et même à certains égards à améliorer, la place de leurs enfants dans les hiérarchies scolaires, loin devant les enfants d'ouvriers et d'employés, et de plus en plus sur les talons des enfants de cadres et professions intellectuelles supérieures. Collège unique, nouveaux baccalauréats, nouvelles filières technologiques supérieures : les réformes successives du système scolaire ont, à chaque époque, tendu à égaliser les chances « par le bas » et cherché à réduire le retard des enfants des classes modestes sur ceux des autres classes sociales. Mais, à chaque fois, les familles des classes moyennes se sont adaptées et ont répondu en accroissant encore davantage leur soutien et leurs efforts, afin de maintenir l'avance de leurs enfants sans se laisser distancer par les enfants des catégories supérieures.

Une même capacité de résilience s'observe sur le marché du travail, après la sortie de l'école, au moment où les enfants doivent s'insérer professionnellement : c'est l'un des passages les plus incertains de la vie sociale, en France tout au moins. Désavantagés dans le secteur privé par rapport aux enfants des catégories supérieures, les enfants diplômés des classes moyennes se sont tournés en masse vers le secteur public, où les réseaux familiaux et le capital social font moins la différence et où les efforts scolaires sont mieux récompensés. En fin de compte, contrairement à une idée largement admise, un nombre croissant d'enfants des classes moyennes rejoignent aujourd'hui les classes supérieures et s'élèvent au-dessus de leurs parents, tandis que le nombre de ceux qui subissent un déclassement a baissé rapidement au sein des générations récentes, au fur et à mesure que la démocratisation scolaire de la fin des années 1980 faisait sentir ses effets.

Au fil des décennies, les familles des classes moyennes ont eu à s'adapter à un continuel durcissement de la concurrence sociale, tant à l'école que dans les entreprises ou dans les quartiers. Elles y ont répondu par un surcroît, sans cesse renouvelé, d'efforts et d'investissements. Il semble qu'elles n'aient perdu aucun de ces bras de fer, réussissant à éviter toute forme de déchéance sociale pour elles-mêmes ou pour leurs enfants, tandis qu'à bien des égards s'accroissaient considérablement les difficultés des classes populaires, pourtant bénéficiaires directes de l'aide sociale. En fin de compte, les classes moyennes s'accommodent d'une société jugée injuste par une grande majorité de ses membres, mais où chacun, pris individuellement, est un agent actif de la continuelle reproduction de la pauvreté et des inégalités. Comment pourrait-il en être autrement, puisque, dans une situation de compétition généralisée, les classes moyennes tirent plutôt bien leur épingle du jeu ?

L'expansion des classes moyennes, leur nouvelle centralité, posent un problème politique redoutable, particulièrement à la gauche. Comment en effet donner du contenu à un projet de justice sociale et de réduction des inégalités, quand un nombre croissant de personnes sont happées par le désir de s'élever au-dessus des autres et par la crainte de déchoir, quand l'aspiration contemporaine à la singularité se confond avec une volonté pure et simple de distinction statutaire ? L'ambition de ce livre est de tracer un portrait détaillé de ces nouvelles classes moyennes, mais aussi et surtout d'éclairer, aussi précisément que possible, les termes de ce problème essentiel.

Cette étude s'appuie sur une exploitation inédite des enquêtes sur l'emploi de l'INSEE couvrant la période 1982-2009. Il est crucial de prendre en compte les enquêtes les plus récentes, sauf à s'exposer à ne pas comprendre les effets, sur les classes moyennes, de la vague de démocratisation scolaire survenue au tournant des années 1980-1990. S'agissant des stratégies résidentielles, nous avons eu recours au fichier des logements par communes (base « Filocom ») du ministère de l'Équipement. Cette source statistique indique, pour chaque ménage, son niveau de revenu ainsi que celui des ménages résidant dans la même zone cadastrale (une zone cadastrale correspond à quelques centaines de logements en moyenne). Couvrant la période 2001-2010, cette base de données permet d'éclairer les effets des récentes hausses de prix du logement sur la répartition des classes moyennes dans l'espace urbain ainsi que sur leurs stratégies de déménagement. En suivant l'évolution des logements, ce fichier permet également d'identifier les ménages dont le quartier décline ou au contraire s'embourgeoise, au fil des départs et des arrivées des nouveaux voisins. Il s'agit, à notre connaissance, de la première tentative pour mesurer ces formes majeures de déclassement et de promotion résidentielle, celles que subissent les familles qui ne peuvent (ou ne veulent) quitter un quartier dont la composition sociologique évolue au fil du temps.

CHAPITRE PREMIER

Les classes moyennes et leurs frontières

Comment définir précisément les classes moyennes ? Il est difficile d'en parler autrement que sur un mode fourre-tout, comme d'une constellation éparpillée quelque part entre le « haut » et le « bas » de la société (pour reprendre une image chère à Henri Mendras). Artisans, petits fonctionnaires ou représentants de commerce, les membres des classes moyennes ne partageraient aucun trait sociologique fondamental, et nous ne pourrions rien faire de mieux que de décrire leur diversité ou d'énumérer leurs professions. Au terme de sa réflexion, l'historien Serge Berstein va même plus loin et défend l'idée que le dénominateur commun des classes moyennes ne pourra jamais se trouver dans le type d'emplois qu'elles occupent, mais uniquement dans la philosophie sociale qui les anime : la peur du déclassement, crispée sur un petit patrimoine, le dispute à l'envie de rejoindre l'élite du pays. Selon Berstein, il n'y a pas de définition économique ou sociologique des classes moyennes, leur identité se trouvant simplement dans « une philosophie sociale où le progrès résulterait non d'une dialectique de lutte des classes, mais de possibilités de promotion[1] ».

Cette intuition a quelque chose de profondément juste, mais elle conduit à faire l'impasse sur d'indiscutables éléments d'unité économique et sociologique. Comme nous allons le montrer maintenant, les statuts et les emplois occupés par les classes moyennes ne sont pas simplement un peu plus qualifiés que ceux des ouvriers et un peu moins qualifiés que ceux des cadres et des professions intellectuelles supérieures ; ils sont aussi d'une nature différente. Ils sollicitent des compétences plus difficilement transférables d'un contexte à l'autre, ou d'une époque à l'autre, des compétences moins générales et donc fondamentalement plus *précaires* que celles des cadres. Il en découle une dépendance plus étroite à l'employeur du moment et, par conséquent, un rapport plus inquiet à l'éventualité de devoir en changer. Il est d'autant plus important de bien comprendre cette spécificité des classes moyennes que c'est elle qui, au bout du compte, façonne leur rapport à l'avenir et donc leurs anxiétés.

La définition des classes moyennes ne peut sans doute pas être purement économique ou sociologique, mais elle serait incomplète sans ces deux dimensions. Les classes moyennes sont bel et bien prises dans ce paradoxe d'être à la fois « classes » et « moyennes », c'est-à-dire de relever simultanément de deux visions *a priori* contradictoires de la société, l'une discontinue (« classes ») et l'autre continue (« moyennes »), l'une ordinale (constituée de quelques grandes oppositions insurmontables) et l'autre cardinale (tissée de différences infinitésimales facilement franchies). Les emplois et les statuts des classes moyennes ont d'irréductibles spécificités, mais c'est leur expansion même qui rend l'espace social assez uniforme pour qu'on puisse parler de situation « moyenne », concept qui n'aurait guère de sens sans elles.

1. Serge Berstein, « Les classes moyennes devant l'histoire », *Vingtième Siècle*, n° 37, 1993, p. 3-12.

Les « indépendants » ou la petite bourgeoisie traditionnelle

Longtemps, le terme de « classes moyennes » a servi à désigner l'ensemble des actifs non salariés (indépendants, petits patrons, artisans ou commerçants) vivant à la fois de leur travail et de leur capital, placés dans une position productive intermédiaire entre la masse de ceux qui ne peuvent vivre que de leur labeur (les « ouvriers ») et la petite élite de propriétaires du capital productif (les « patrons »). Ni prolétaires ni capitalistes, mais un peu les deux, les membres de cette classe moyenne traditionnelle ont joué un rôle pivot à la fin du XIXe siècle et au début du XXe, même si aucune organisation politique ou syndicale n'a jamais réussi à les représenter durablement[1]. Ils incarnent un certain idéal français, épris d'autonomie, farouchement individualiste, rétif à l'intervention régulatrice de l'État, mais néanmoins demandeur de protections publiques contre l'hégémonie du grand capital et la toute-puissance des « gros ». Ils figurent une philosophie sociale selon laquelle le progrès ne s'obtient pas par la lutte collective contre les classes dominantes, mais au contraire par le travail, le mérite et la promotion individuelle.

Dans le *Manifeste du parti communiste*, Marx et Engels prédisent l'impossibilité historique pour cette « petite bourgeoisie » d'assouvir ses ambitions d'élévation sociale ; selon eux, elle est condamnée à s'appauvrir, avant de se dissoudre dans le prolétariat : « Dans les pays où la civilisation moderne s'est développée, il s'est formé une nouvelle couche de petits-bourgeois [...] elle se reconstitue sans cesse, mais la concurrence précipite constamment ses membres dans le prolétariat. En

1. Sur l'une de ces tentatives, voir par exemple Serge Berstein, *Histoire du parti radical*, Paris, FNSP, 1980.

outre, avec le développement de la grande industrie, ils voient approcher le moment où ils perdront toute autonomie[1]. » En fait, après s'être beaucoup développé sous le Second Empire, ce groupe social s'est maintenu, sans véritablement faiblir, aux alentours de 15 % de la population active tout au long de la IIIe République[2].

Ce n'est que dans les années suivant la Seconde Guerre mondiale que ce groupe social a commencé à décliner réellement, laminé économiquement par la concurrence des grandes entreprises, marginalisé politiquement par la montée du salariat et de nouvelles classes moyennes. Le poujadisme, dans les années 1950, a reflété cette inquiétude et ce déclin. Dans l'immédiat après-guerre, artisans et commerçants représentaient encore plus de 12 % de la population active ; trente ans plus tard, au début des années 1980, quand la croissance économique se ralentit, ils n'en représentent plus que 8 %.

Depuis lors, l'érosion de leurs effectifs se poursuit à un rythme plus lent, puisqu'ils représentent toujours 6 % des actifs en 2009. Dans un contexte de désindustrialisation rampante et de chômage persistant, le groupe des petits patrons se transforme plus qu'il ne décline[3]. L'artisanat et le commerce traditionnel reculent au profit de nouvelles entreprises prestataires de services (agences de voyages, petites entreprises de nettoyage ou de sécurité), la création d'entreprise devenant une façon d'échapper au chômage pour beaucoup d'ouvriers et d'employés menacés par la précarité. Le revenu moyen des ménages dont le chef est artisan ou commerçant reste aujourd'hui deux fois plus élevé que celui des ménages dont le chef est ouvrier ou employé, mais

1. Karl Marx et Friedrich Engels, *Manifeste du parti communiste*, Londres, 1848.

2. Sur ce point, voir Olivier Marchand et Claude Thélot, *Deux Siècles de travail en France,* INSEE, 1991.

3. Sur l'évolution récente de l'emploi non salarié en France, voir par exemple Magali Beffy, *Moins d'artisans, des professions libérales en plein essor*, Données sociales, INSEE, 2006.

il est considérablement plus variable d'une année sur l'autre. Beaucoup de très petites entreprises sont dans une situation économique fragile et leurs patrons font face à des incertitudes assez comparables à celles de leurs salariés, les frontières sociologiques entre les deux groupes devenant parfois très minces. Selon la dernière enquête sur la mobilité sociale de l'INSEE, entre 1998 et 2003, plus de 12 % des petits patrons de l'artisanat et du commerce ont fait faillite et rejoint les rangs des ouvriers et des employés, soit un taux de déclassement deux fois plus élevé que lors de la précédente enquête (entre 1980 et 1985).

La petite bourgeoisie non salariée représente désormais une figure mineure et menacée des classes moyennes. En même temps que ce groupe social passe au second plan (non sans soubresauts politiques), les classes moyennes salariées continuent de croître et s'installent au centre de la société.

Les classes moyennes salariées

Que l'on adopte une définition large ou restreinte, il est difficile aujourd'hui de ne pas faire figurer au cœur des classes moyennes contemporaines ce que la nomenclature officielle des catégories socioprofessionnelles de l'INSEE désigne comme « professions intermédiaires », large spectre de professions salariées incluant les professeurs des écoles, les infirmier(e)s ou les cadres B de la fonction publique, mais également, dans le secteur privé, les comptables, techniciens, représentants de commerce ou contremaîtres[1]. Selon l'enquête Emploi

1. Dans leur immense majorité, les membres des professions intermédiaires sont salariés, mais il existe néanmoins une petite fraction (environ 5 %) de professions libérales intermédiaires, essentiellement dans le secteur de la santé (infirmières, kinés, etc.).

conduite par l'INSEE en 2009, l'ensemble de ce salariat intermédiaire représente aujourd'hui près du quart de la population active, soit environ 6,5 millions d'actifs. Il dépasse désormais en importance le groupe des ouvriers (6,4 millions d'actifs), tout en restant plus important que le groupe des cadres et professions intellectuelles supérieures (4,4 millions d'actifs)[1].

Les ménages dont le chef exerce une profession intermédiaire sont aujourd'hui, de tous les groupes sociaux, ceux dont le revenu disponible annuel (37 000 euros en 2008) se rapproche le plus de la moyenne nationale, environ 40 % au-dessous des ménages dont le chef est cadre et 40 % au-dessus des ménages d'ouvriers. En termes de patrimoine, ils se situent également dans une position intermédiaire, avec un patrimoine quatre à cinq fois plus élevé que celui des ouvriers et des employés, mais une fois et demie plus faible que celui des cadres[2]. De même, avec 50 % de diplômés du supérieur (dont un sur trois strictement supérieur à bac +2), les professions intermédiaires sont nettement plus diplômées que les employés (18 % de diplômés du supérieur seulement) ou les ouvriers (5 %), mais nettement moins que les cadres (75 % de diplômés du supérieur, dont quatre sur cinq strictement supérieurs à bac +2). Les classes moyennes salariées sont d'ailleurs souvent définies en creux, rassemblement hétéroclite de tous ceux dont les revenus, le patrimoine ou le niveau de formation sont à la fois significativement au-dessus de ceux du salariat d'exécution et significativement au-dessous de ceux du salariat d'encadrement (lequel bénéficie en outre, en France, de régimes de retraites et statuts à part dans la plupart des conventions collectives).

1. Les professions intermédiaires représentent aujourd'hui 23,2 % de la population active, les ouvriers 22,6 % et les cadres 15,5 %.

2. Voir Marie Cordier, Cédric Houdré et Catherine Rougerie, *Les Inégalités de patrimoine des ménages en 1992 et 2004*, Données sociales, INSEE, 2006.

Mais cet ensemble de positions intermédiaires se laisse caractériser de façon plus positive. De tous les segments du salariat, il représente celui dont les relations avec les employeurs sont en moyenne les plus durables, les plus difficiles à rompre, tant pour le salarié que pour l'employeur. Cette qualité particulière des relations d'emploi se manifeste de plusieurs façons, à commencer par des pertes d'emploi pour le chômage à peu près aussi rares que pour les cadres, en dépit d'un niveau de formation nettement inférieur. Parce qu'ils sont moins chers que les cadres, les salariés intermédiaires sont parfois épargnés par les restructurations, quand les premiers sont sacrifiés. La fonction de stabilité sociale qu'on attribue aux classes moyennes a une réalité au niveau professionnel.

Le groupe des professions intermédiaires est également, de tous les segments du salariat, celui qui bénéficie le plus de périodes de formation financées par l'employeur. Ces formations sont en règle générale de courte durée ; elles sont destinées moins à accélérer ou à réorienter la carrière qu'à actualiser des compétences très spécifiques. Il n'en demeure pas moins que c'est en direction de leurs salariés intermédiaires que les employeurs (du privé comme du public) dirigent en priorité leur budget de formation.

Cet effort particulier de formation s'accompagne souvent de promotions à l'intérieur de l'organisation et renforce les liens qui attachent ces salariés à leurs employeurs. De tous les salariés, les membres des professions intermédiaires sont ceux qui, à un âge donné, déclarent le plus souvent *désirer* rester définitivement dans leur entreprise actuelle (et le moins souvent désirer la quitter immédiatement). Ils déclarent également, plus souvent que les autres salariés, *pouvoir* rester définitivement s'ils le souhaitent [1]. De ce point de vue, les professions intermédiaires sont différentes des ouvriers et employés (qui souhaitent

1. Enquêtes Jeunes et carrières, INSEE, 1997.

beaucoup plus souvent quitter leur entreprise actuelle), mais aussi différentes des cadres (qui souhaitent moins souvent rester au même endroit).

Risques de chute et pessimisme social

Souvent en poste depuis longtemps, les techniciens, agents de maîtrise et autres salariés intermédiaires d'entreprise sont dépositaires de savoirs et de compétences spécifiques à leur entreprise, reposant sur une connaissance intime du fonctionnement interne de l'organisation où ils travaillent, connaissance acquise tout au long des nombreuses années d'ancienneté[1]. Ces connaissances spécifiques représentent une force et une faiblesse. Une force, parce qu'elles sont difficiles à trouver sur le marché du travail et protègent contre les pertes d'emploi les salariés qui les possèdent. Une faiblesse, parce qu'elles empêchent les salariés de quitter volontairement leur employeur et de postuler sur des emplois équivalents dans d'autres entreprises.

En pratique, les membres des professions intermédiaires démissionnent beaucoup moins souvent que les cadres du même âge. Leur capacité à changer d'environnement est d'autant plus limitée qu'ils sont titulaires de diplômes sanctionnant des études souvent elles-mêmes très spécifiques, à vocation professionnalisante (BTS, IUT). Ce type de formation initiale est un atout au moment de s'insérer sur le marché du travail (il cible des employeurs précis), mais il peut s'avérer un handicap plus

1. Dans le langage des économistes, on pourrait parler de capital humain « spécifique », à distinguer du capital humain « général » dont les diplômes et la formation initiale sont les garants. Dans le langage des sociologues, on pourrait évoquer le « capital organisationnel » au sens que Michael Savage et ses coauteurs donnent à ce terme (voir Michael Savage *et al.*, *Property, Bureaucracy and Culture: Middle Class Formation in Contemporary Britain,* Londres, Routledge, 1992).

tard, en cours de carrière, lorsque le progrès technique demande de s'adapter à de nouveaux environnements. Les membres des professions intermédiaires sont ceux pour qui les ruptures avec l'employeur, pour rares qu'elles soient, entraînent, lorsqu'elles se produisent, les déclassements les plus abrupts.

Au cours de la période 1998-2003 déjà mentionnée, plus de 11 % des salariés intermédiaires d'entreprise, 10 % des contremaîtres et 7 % des techniciens ont perdu leur statut professionnel et se sont retrouvés déclassés sur des emplois d'employés ou d'ouvriers, soit des taux de déclassement presque aussi élevés que ceux affectant les patrons des petites entreprises artisanales et commerciales (12 %). Au cours de cette même période de cinq ans, seule une infime fraction des ingénieurs et cadres d'entreprise a subi une telle chute tout en bas de l'échelle salariale. Les emplois occupés par le salariat intermédiaire sont parmi les plus protégés de l'espace social, à peu près aussi stables que ceux des cadres ; mais, en cas de perte d'emploi, c'est pour eux que les conséquences sont les plus dures, notamment dans le secteur privé. On tient là une façon très simple de définir les classes moyennes du privé, peut-être la plus synthétique : elles regroupent tous ceux qui ne sont pas pauvres, mais qui pourraient néanmoins le devenir dans un avenir proche, avec une probabilité faible mais réelle.

L'inquiétude devant l'avenir étant davantage indexée sur l'amplitude des chutes possibles que sur leur probabilité d'occurrence, c'est au sein de ces catégories que l'anxiété est la plus forte. Les classes moyennes d'entreprise sont ainsi celles qui se sentent le plus menacées par la montée du chômage, alors qu'objectivement elles le sont moins que les classes modestes et à peine plus que les classes supérieures du salariat[1].

Cette peur de l'avenir est d'autant plus profondément ancrée que la probabilité de chute en bas de l'échelle sociale au

1. Voir par exemple Régis Bigot, « Une comparaison des hauts revenus et des bas revenus et des "classes moyennes" », *Cahier de recherche du CREDOC*, 2007.

cours de la vie professionnelle a eu tendance à s'accroître depuis le milieu des années 1980 pour les professions intermédiaires d'entreprise, contribuant à creuser davantage la distance qui les sépare des classes moyennes du public. Pour ces dernières, le déclassement lié à des compétences trop spécifiques ne prend que très rarement la forme d'une perte d'emploi ou d'une chute dans la hiérarchie sociale, mais il peut néanmoins se traduire par un enfermement dans des routines perçues comme aliénantes, voire par une mise à l'écart rampante dont les conséquences psychologiques peuvent être dévastatrices. Le récent rapport du médiateur de la République souligne par exemple l'usure et l'épuisement croissants des professionnels des hôpitaux et de la santé publique[1].

Ce qui finalement définit le mieux les groupes intermédiaires de la société, c'est la nature spécifique des compétences qu'ils ont acquises et déploient dans leur travail, ainsi que le rapport incertain que ces compétences les conduisent à entretenir avec l'avenir, ni écrasés au jour le jour par les contraintes quotidiennes (comme beaucoup d'ouvriers ou d'employés par exemple), ni au-dessus des craintes de déclassement et de chute en bas de l'échelle sociale (comme la plupart des cadres et professions intellectuelles supérieures). Cette position particulière entretient un pessimisme social et une inquiétude devant l'avenir équivalents à ceux des ouvriers et des employés (sans parler des travailleurs précaires et des chômeurs) : l'angoisse sociale rapproche, bien plus que leur statut réel, les classes moyennes et les classes populaires. Cette inquiétude s'étend à tous les domaines de la vie : les classes moyennes sont par exemple les plus pessimistes quant au niveau de vie futur de leurs enfants, alors que leur descendance fait pourtant mieux que résister à la concurrence scolaire et sociale des enfants des classes populaires. Nous reviendrons plus loin sur cette dimension importante.

1. Médiateur de la République, rapport de 2010.

Les frontières des classes moyennes

Si le cœur des classes moyennes est assez aisé à caractériser, il n'en va pas de même pour leurs frontières. Dans quelle mesure les cadres, ou au contraire les employés, voire les ouvriers, peuvent-ils être également assimilés au même groupe social que les professions intermédiaires ou les petits commerçants ? Selon la réponse apportée à cette question, le label « classe moyenne » peut s'étendre du simple au double, de 30 % à 60 % de la population active. Or une catégorie attrape-tout court le risque de ne plus rien attraper du tout : c'est ce qui guette certaines déclarations ou programmes politiques visant à protéger (ou à favoriser) les « classes moyennes ».

Si les personnes gardaient toute leur vie la même position dans la société, les frontières des différents groupes seraient relativement simples à tracer : il suffirait de s'entendre sur des critères objectifs de revenu ou de statut d'emploi. Une fois un critère adopté, le périmètre des classes moyennes serait clairement dessiné et une politique publique, quelle qu'elle soit, pourrait sans ambiguïté leur être déclarée favorable ou défavorable. Ce qui rend la question des frontières entre groupes sociaux particulièrement difficile, c'est que nous changeons assez souvent de groupe social au cours de notre vie. Contrairement à une vision statique toujours largement répandue, il n'y a pas de relation figée entre l'espace des positions sociales et l'espace des individus : ces derniers se déplacent en permanence entre les différentes positions accessibles sous l'effet des promotions, des pertes d'emploi, des interruptions d'activité, etc. Une politique fiscale ou sociale peut être défavorable à ceux qui occupent des positions moyennes aujourd'hui, mais favorable à ceux qui les occuperont demain – et vice versa.

On réfute souvent la thèse de la « moyennisation » des sociétés occidentales (entendue comme la dilution des classes sociales et le développement d'une hyperclasse moyenne) au motif que d'importantes inégalités sociales subsistent en leur sein. Une véritable réfutation doit aussi démontrer que chacun n'occupe pas tour à tour, au cours de sa vie, les différentes positions de la hiérarchie sociale et ne gravite pas finalement autour d'une même situation moyenne. Inversement, un véritable argumentaire en faveur de l'idée de « moyennisation » doit apporter la preuve que les distances entre classes ne deviennent pas de plus en plus difficiles à franchir au fur et à mesure que les conditions de classe semblent pourtant objectivement se rapprocher[1]. La question de l'étendue réelle des classes moyennes (et du degré auquel elles sont avantagées ou non par les politiques publiques) est ainsi indissociable d'une analyse des flux de mobilité qui traversent la société et de la fréquence à laquelle les personnes passent d'un milieu à l'autre. Beaucoup de nos diagnostics sur les classes moyennes sont en réalité biaisés par le fait que nous ne prenons pas en compte les flux qui les renouvellent en permanence.

En se penchant sur ce problème à l'aide des enquêtes sur la mobilité de l'INSEE, on découvre que les flux de mobilité entre groupes sociaux sont non seulement bien réels, mais qu'ils ont même eu tendance à s'intensifier depuis le ralentissement économique des années 1980. La société française est notamment traversée et transformée par de puissants flux de *promotion* sociale[2], du bas vers le haut, processus dont les classes

1. La controverse sur la « moyennisation » de la société française trouve son point d'origine dans l'ouvrage d'Henri Mendras (dir.), *La Sagesse et le Désordre*, Paris, Gallimard, 1980.

2. Voir Olivier Monso, « Changer de groupe social en cours de carrière », INSEE, 2006. Pour un coup de projecteur sur les professions intermédiaires, voir Jérôme Deauvieau et Céline Dumoulin, « La mobilité socioprofessionnelle des professions intermédiaires : fluidité, promotion et déclassement », *Économie et Statistique*, n° 431-432, 2010.

moyennes sont d'ailleurs la véritable plaque tournante. De nombreux ouvriers rejoignent chaque année les rangs des techniciens, des contremaîtres ou des artisans, tandis que des effectifs tout aussi importants d'employés sont promus dans les rangs des professions intermédiaires d'entreprise ou du petit commerce. Selon la dernière enquête de l'INSEE sur la mobilité, plus de 8 % des employés et une proportion similaire d'ouvriers ont été promus au sein des classes moyennes en cinq ans entre 1998 et 2003, ces « néopromus » représentant à eux seuls plus de 10 % des professions intermédiaires observées en 2003. Sur le même intervalle de temps, une même proportion d'environ 8 % de professions intermédiaires a été promue dans le groupe social des cadres.

Avec la désindustrialisation et la fragilisation des relations d'emplois, les carrières sont menacées, nous l'avons vu, par des risques inédits de déclassement, mais dans le même temps elles restent aspirées par des processus de mobilité ascendante plus intenses encore, le solde demeurant finalement toujours en faveur des promotions. Le déclassement – et la peur qu'il inspire – obsède le corps social, mais objectivement le flux dominant de notre société reste un courant ascendant. Ceci n'empêche pas que la peur du déclassement soit facteur de pessimisme et d'anxiété, c'est-à-dire en définitive de souffrance sociale. Ceci n'empêche pas non plus, hélas, les situations gravissimes de détresse sociale, chômage de longue durée, « précariat », surendettement, grande pauvreté, etc.

Les classes moyennes, tout particulièrement celles du privé, sont au centre d'un processus par lequel la société se régénère et se transforme en permanence. Elles fonctionnent à la fois comme un horizon de promotion pour les salariés les plus modestes et, pour les professions intermédiaires, comme un marchepied vers les classes supérieures. Ce rôle de pivot dans les processus de mobilité est un élément fondamental de l'identité des classes moyennes, en même temps qu'il explique le flou et l'incertitude entourant leurs contours. Tous les groupes sociaux sont en permanence renouvelés et transformés par des flux d'entrées et de sorties, mais c'est au sein des groupes formant le cœur des classes moyennes (salariat intermédiaire, petit patronat) que ces flux sont les plus importants ; c'est là, par conséquent, que les frontières avec le reste de la société sont les moins nettes et que les questions de définition sont les plus difficiles à trancher.

Plus de 16 % des personnes classées comme artisans ou commerçants en 1998 et plus de 18 % des personnes classées à cette date dans les professions intermédiaires ne sont plus dans le même groupe social cinq années plus tard ; or ce n'est le cas que d'environ 11 % des ouvriers ou des employés, 10 % des cadres et moins de 5 % des agriculteurs. Sur l'intervalle de cinq ans, entre 1998 et 2003, on compte autant de personnes appartenant aux classes moyennes tout au long de cette période (soit près de cinq millions) que de personnes rejoignant ou quittant les classes moyennes. Georg Simmel le soulignait il y a plus d'un siècle : « Ce que la classe moyenne a de vraiment original, c'est qu'elle fait de continuels échanges avec les deux autres catégories [la classe supérieure et la classe inférieure] et que ces fluctuations perpétuelles effacent les frontières[1]. » Si les classes moyennes sont le centre de la société, c'est aussi parce qu'elles en constituent le principal carrefour.

Au sein des classes moyennes, les incertitudes sur l'avenir sont bien plus importantes pour les salariés du privé que pour ceux du public. Dans le secteur public, les opportunités de promotions sont plus rares (notamment dans les professions de la santé), mais les déclassements inexistants. Cette inégalité devant les incertitudes s'est accrue après les années 1980 et constitue un clivage de plus en plus profond au sein des classes moyennes, aiguisé par la récession et les débats sur les restrictions budgétaires

1. Georg Simmel, « Comment les formes sociales se maintiennent », *Année sociologique*, 1896, p. 71-109.

qu'elle entraîne. Une des spécificités des classes moyennes du privé est de faire face aujourd'hui à des incertitudes d'amplitude inédite, ce qui constitue à la fois un trait de leur identité sociale et l'un des facteurs qui en menace l'intégrité.

Classe sociale et diplôme

Une analyse plus approfondie des groupes sociaux temporairement aux marges des classes moyennes, mais susceptibles de les rejoindre, révèle le rôle structurant de la formation initiale et des diplômes. Par exemple, les employés et ouvriers promus au sein des classes moyennes se recrutent en grande partie au sein de la petite minorité de ceux qui disposent du bac, voire d'un diplôme de l'enseignement supérieur. Certains diplômés commencent leur carrière en bas de l'échelle sociale, mais ils sont ensuite promus au sein des classes moyennes beaucoup plus rapidement que leurs collègues employés et ouvriers, dont l'immense majorité est soit sans qualification, soit titulaire d'un CAP ou d'un BEP. Entre 1998 et 2003, 25 % des ouvriers et des employés titulaires d'un diplôme universitaire technologique (et 15 % de ceux titulaires du bac) connaissent une promotion sociale au sein des classes moyennes, contre à peine 5 % des autres ouvriers et employés. Sur la même période, selon une logique similaire, près de la moitié des cadres qui subissent un déclassement vers les professions intermédiaires se recrutent au sein de la minorité qui n'a pas dépassé le niveau du bac. Entre 1998 et 2003, environ 10 % des cadres ne possédant pas le bac ont subi un déclassement vers les classes moyennes, contre moins de 5 % des cadres diplômés du supérieur long.

Finalement, les diplômes représentent pour les cadres et les professions intermédiaires une puissante protection contre le déclassement social, autant qu'un atout essentiel pour la promotion sociale des salariés les plus modestes. Les marges des classes moyennes sont peuplées de salariés surdiplômés temporairement employés sur des postes d'exécution, mais également de salariés sous-diplômés temporairement employés sur des postes d'encadrement [1].

Dans la tradition sociologique, il est d'usage de définir les classes sociales à partir des positions occupées dans le système productif et des relations nouées avec les employeurs. C'est la voie que nous avons essayé de suivre, en mettant l'accent sur le caractère à la fois très inséré et sourdement précaire des emplois occupés par les classes moyennes. Quand on suit cette voie, les différences de niveau d'éducation entre groupes sociaux ne sont jamais réellement constitutives de différences de classe ; elles représentent des caractéristiques importantes, mais néanmoins secondaires, de la structure sociale. Sans doute cette perspective était-elle adaptée à une époque où seule une petite partie de la population fréquentait l'enseignement secondaire et où la majeure partie de la population avait le même (très faible) niveau de formation initiale.

Ce n'est plus le cas aujourd'hui : tout le monde va beaucoup plus loin à l'école, et cette dernière est devenue un principe de stratification bien plus puissant que naguère, aux classements duquel plus grand monde n'échappe. Chacun possède désormais un statut scolaire (fût-il très faible), et ce dernier structure non seulement l'insertion professionnelle, mais également, par la suite, les risques de déclassement et les chances de promotion sociale tout au long de la vie. À cette aune, les marges des classes moyennes se laissent décrire comme un salariat dont le niveau de formation est typique des professions intermédiaires (c'est-à-dire bon, sans être très bon), mais qui se trouve temporairement

1. Jérôme Deauvieau et Céline Dumoulin soulignent, pour les professions intermédiaires, le rôle crucial de la formation initiale comme protection contre le déclassement (ou comme accélérateur de carrière). Voir Jérôme Deauvieau et Céline Dumoulin, « La mobilité socioprofessionnelle des professions intermédiaires », art. cit.

déclassé dans les catégories modestes ou au contraire temporairement surclassé dans les catégories supérieures. En revanche, les ouvriers et employés n'ayant pas le bac ou les cadres diplômés du supérieur long ne transitent qu'exceptionnellement au sein des classes moyennes et peuvent difficilement être considérés comme appartenant aux marges de ce groupe social.

Un enjeu politique

Pour décrire le cœur des classes moyennes, nous avons mis en avant le critère de la catégorie socioprofessionnelle au détriment du critère de revenu, pourtant aujourd'hui privilégié dans le débat public. La position dans l'espace socioprofessionnel rend mieux justice aux différences de statut dans l'entreprise (cadre/non-cadre, technicien/ouvrier, catégorie B/catégorie C, etc.) qui commandent le rapport aux autres et à l'avenir, dimensions essentielles pour la définition d'une appartenance de classe.

En termes strictement économiques, la position socioprofessionnelle a aussi l'avantage d'offrir une mesure synthétique des ressources sur lesquelles les individus peuvent compter à long terme ; c'est ce que les économistes appellent le « revenu permanent ». Ce revenu moyen attendu détermine les comportements et les consommations beaucoup plus fortement que le revenu courant mesuré par les enquêtes, lequel se révèle en pratique assez transitoire. L'obtention de primes peut doper ponctuellement le revenu courant, sans pour autant modifier la consommation des ménages ni leur capacité d'emprunt et d'investissement à long terme. Dès lors que la mobilité individuelle dans l'échelle des revenus courants est importante (et elle l'est, particulièrement dans le privé et chez les non-salariés), de fortes différences de revenu courant ne correspondent en réalité qu'à de faibles inégalités de revenu permanent et, par conséquent, qu'à de faibles différences de niveau de vie entre les familles.

D'autres approches que la nôtre auraient été possibles, d'autres critères auraient pu être mis en avant [1]. Dans le sillage de Pierre Bourdieu, nous aurions pu davantage mettre l'accent sur la diversité des ressources matérielles ou culturelles mobilisables par les différentes fractions de la classe moyenne. Il n'y a pas, et il n'y aura sans doute jamais d'approche ou de définition des « classes moyennes » qui fasse l'unanimité. La raison n'est d'ailleurs pas seulement sociologique ; elle est aussi politique, au sens où la définition même du terme de « classes moyennes » représente un enjeu de nature politique, de même que les idéologies qu'on ne manque pas de leur attribuer.

En tant que centre de gravité de la société, les classes moyennes incarnent ce groupe central que l'on ne peut pas bousculer – économiquement ou idéologiquement – sans déstabiliser en même temps l'ensemble de l'édifice social. Par conséquent, chaque mouvement politique tend à prêter aux classes moyennes les contours et la philosophie sociale que sa politique du moment est précisément la moins susceptible de menacer. Autrement dit, prenant le problème à l'envers, chacun tend à définir les classes moyennes en fonction de son agenda politique et idéologique – et pas en fonction de la distribution objective des ressources et des statuts dans la société.

Pour des raisons variables d'un camp à l'autre, beaucoup sont tentés de donner une définition très extensive des classes moyennes, une définition qui inclue notamment les catégories

1. Dans une série de travaux précurseurs, Maurice Halbwachs proposait par exemple de définir les classes moyennes comme les dépositaires de techniques requérant une aptitude aux relations humaines et un investissement personnel fort. Dès lors, la vraie spécificité des classes moyennes ne se trouve pas dans la précarité des techniques qu'elles maîtrisent, mais dans le fait que ces techniques s'appliquent à d'autres hommes (subordonnés, usagers, clients) plutôt qu'à de la matière (comme les ouvriers). Transposée dans la société contemporaine, cette vision engloberait sans doute les professions intermédiaires et les cadres. Voir Maurice Halbwachs, « Les caractéristiques des classes moyennes », *in* Raymond Aron *et al.*, *Inventaires III. Les classes moyennes*, Paris, Félix Alcan, 1939.

supérieures du salariat et les professions libérales. Pour la droite, c'est un moyen de suggérer que certaines mesures fiscales objectivement favorables à des ménages très aisés (comme la suppression de la première tranche de l'impôt sur la fortune) sont en réalité bénéfiques aux « classes moyennes ». Pour la gauche, c'est une façon de dénoncer la récente flambée des revenus du patrimoine des 1 % (voire des 0,1 %) les plus riches comme un phénomène de décrochage général des « classes moyennes », plutôt que comme un mouvement de sécession conjoncturel des ultra-riches.

Le flou des discours politiques entretient le flou dans les esprits et contribue à ce que la proportion de personnes se sentant appartenir aux classes moyennes est à peu près aussi importante chez les cadres que chez les ouvriers (ou les professions intermédiaires), le flou politique et le flou des représentations se renforçant et se légitimant mutuellement.

Cadres et classes moyennes

Indépendamment de toute considération sur l'enjeu politique qui consiste à étendre les classes moyennes aux familles les plus aisées, on peut légitimement se demander si, en se multipliant, les postes de cadres n'ont pas perdu de leur spécificité, et si on ne serait pas désormais fondé à les considérer comme partie intégrante des classes moyennes. Il ne fait pas de doute que les flux de mobilité entre le groupe des cadres et le groupe intermédiaire sont plus importants aujourd'hui qu'il y a trente ans. En tant qu'horizon possible (et souhaité), le statut de cadre fait partie de l'identité sociale d'un nombre croissant de professions intermédiaires (notamment de jeunes techniciens et cadres B de la fonction publique surdiplômés). De même, la « chute » sur des postes moins qualifiés au sein du salariat intermédiaire est un risque à ne pas écarter pour un nombre croissant de cadres

« maison » faiblement diplômés, promus à l'ancienneté et dont le statut ne résisterait pas à une perte d'emploi.

Toutefois, si ces groupes sociaux situés à la frontière des classes moyennes et des classes supérieures ont tendance à croître, leurs effectifs n'en demeurent pas moins assez faibles quand on les rapporte à la population globale des deux classes sociales en question. Seules un peu plus de 5 % des professions intermédiaires de 2003 occupaient un emploi de cadre en 1998 et moins de 2 % des cadres de 2003 occupaient un emploi de profession intermédiaire en 1998. Par ailleurs, si banalisation du statut de cadre il y a, alors cette banalisation atteint également les professions intermédiaires, de sorte que les inégalités entre les deux groupes n'ont guère diminué au fil des dernières décennies et demeurent substantielles.

Indépendamment du salaire ou du diplôme, le statut de cadre se distingue aussi de celui des salariés intermédiaires par une distance beaucoup plus nette avec le salariat modeste, par une protection beaucoup plus forte contre une éventuelle chute en bas de la hiérarchie sociale. Autant il est rarissime qu'un ingénieur ou un cadre d'entreprise se retrouve relégué en cours de carrière (à la suite d'un licenciement par exemple) sur un poste d'ouvrier ou d'employé, autant cette éventualité représente une vraie menace pour un nombre non négligeable de salariés intermédiaires d'entreprise.

Au total, tant du point de vue des statuts et des rémunérations que des perspectives de mobilité, il paraît très difficile d'agréger en bloc, en une grande « classe moyenne », les groupes intermédiaires de la société et le groupe des cadres[1]. Concrètement, cela reviendrait à placer dans un même groupe médecins et infirmier(e)s, ingénieurs et techniciens, directeurs

1. Pour une histoire de la formation du groupe des cadres en France, voir Luc Boltanski, *Les Cadres. La formation d'un groupe social*, Paris, Seuil, 1982. Voir aussi Paul Bouffartigue, *Sociologie des cadres*, Paris, La Découverte, 2004.

financiers et secrétaires de direction, inspecteurs d'académie et professeurs des écoles, autant de choix qui ne paraissent pas pertinents sociologiquement, même compte tenu de la relative banalisation des positions de cadres[1]. Dans leur grande majorité, cadres et professions intermédiaires sont plongés dans des univers professionnels très différents, sollicitant des qualifications de nature différente, ne disposant ni du même niveau ni du même type de ressources économiques et culturelles pour faire face à l'avenir. De même, ils ne vivent pas dans les mêmes quartiers, seuls les cadres ayant aujourd'hui la capacité de faire face aux prix du logement dans les centres-villes.

Comme nous le verrons par la suite, ces ressources matérielles, culturelles ou résidentielles se transmettent aux enfants, ce qui explique que les enfants de cadres gardent un avantage très substantiel (et qui ne décroît guère avec le temps) sur les enfants des groupes intermédiaires, tant à l'école que dans la vie sociale. Il n'y a pas de définition des « classes moyennes » qui ne puisse être discutée, mais, dans une société fondamentalement hiérarchique comme la nôtre, les cadres continuent de représenter une partie des classes supérieures, davantage qu'un élément des classes moyennes. Ils représentent un horizon réaliste pour un petit nombre de salariés intermédiaires surdiplômés, plus qu'un horizon naturel pour la majorité.

1. Dans le contexte britannique, le concept de *service class* développé par John Goldthorpe correspond un peu à cette agrégation. Selon Goldthorpe, la *service class* se caractérise par la confiance dont ses membres sont investis par les employeurs : c'est à eux que les patrons délèguent l'autorité et l'expertise dans l'organisation, quitte à les payer et à les traiter beaucoup mieux que les autres, pour les dissuader d'abuser de la confiance qui leur est faite (selon un mécanisme que les économistes désignent comme celui du salaire d'efficience : plus on a à perdre, moins on prend le risque de tricher). Voir John Goldthorpe, « On the Service Class : its Formation and Future », *in* Anthony Giddens et Gavin McKenzie (dir.), *Social Class and the Division of Labor*, Cambridge, Cambridge University Press, 1982.

CHAPITRE 2

La dynamique des classes moyennes

Chaque groupe social peut se caractériser par le type particulier de statuts et de protections dont ses membres bénéficient. Il s'agit d'ingrédients essentiels pour comprendre leurs peurs, leurs stratégies, ainsi que leurs rapports avec le reste de la société. Au-delà, il est également crucial de comprendre s'ils se perçoivent comme collectivement en déclin par rapport aux autres groupes sociaux. Les membres d'une classe sociale sont d'autant moins susceptibles d'adhérer à la société en train de s'édifier, au monde en train de se construire, qu'ils se sentent déconsidérés, oubliés par la puissance publique, en voie de marginalisation.

De ce point de vue, les classes moyennes contemporaines se trouvent à un nouveau tournant de leur histoire. Depuis les années 1980, le ralentissement économique et la désindustrialisation contribuent profondément à redéfinir leur place dans la société, même si le chômage et la précarité les atteignent beaucoup moins directement que les salariés modestes. Les classes moyennes ne constituent plus cette forme d'élite qu'elles représentaient encore après-guerre pour les enfants des classes modestes ; mais elles sont restées l'un des socles de la société, une de ses figures les plus centrales et les plus dynamiques.

L'expansion d'un groupe social

Dans les décennies d'après-guerre, l'essor des « nouvelles » classes moyennes salariées est indissociable du puissant mouvement de modernisation d'un pays en plein rattrapage industriel. En se développant et en se complexifiant, les organismes publics et les grandes entreprises aspirent dans leurs échelons intermédiaires un nouveau salariat, bien mieux formé et rémunéré que l'immense majorité de la population, laquelle reste essentiellement constituée d'ouvriers, de petits agriculteurs et d'employés peu qualifiés.

À partir du début des années 1980, la croissance change radicalement de régime : plus lente et heurtée, elle repose désormais sur la capacité d'innovation et de commercialisation des entreprises, beaucoup plus que sur leur faculté à produire à grande échelle des biens et services standardisés. Face à des consommateurs moins prévisibles et à une concurrence internationale plus dure, l'emploi industriel traditionnel s'effondre, tandis que les petites entreprises de sous-traitance et de service se multiplient, contribuant à la fragmentation et à la précarisation du salariat.

Ces évolutions frappent la classe ouvrière de plein fouet. À la suite des restructurations du début des années 1980, les ouvriers tendent à disparaître des grandes entreprises à statut pour ne réapparaître qu'en pointillé à la vitrine des agences d'intérim ou dans de petites sociétés de service, occupant des emplois beaucoup plus artisanaux, à la périphérie des nouveaux centres de production où règnent désormais robots et nouvelles technologies de l'information.

Cette fragmentation de la classe ouvrière représente sans doute l'une des conséquences les plus profondes de la période qui s'ouvre à la fin des années 1970 et au début des années 1980. Près de trente ans plus tard, en 2009, à l'issue d'une nouvelle vague de désindustrialisation, les ouvriers ne pèsent plus que 22 % de la population active, soit près de dix points de moins qu'au début des années 1980. En outre, ils occupent des emplois et opèrent dans des contextes professionnels qui n'ont souvent plus grand-chose à voir avec ceux des années 1970. Dans la même période, les effectifs d'agriculteurs, poursuivant leur déclin et les transformations amorcées dans l'après-guerre, sont passés sous la barre des 2 % de la population active totale. Représentant aujourd'hui moins du quart de la population active, les ouvriers et les agriculteurs constituent pour le pays un socle beaucoup plus mince et fragile qu'il y a trente ans, contribuant indirectement à donner aux classes moyennes une position plus centrale.

De fait, le ralentissement économique survenu à partir des années 1980 n'a pas atteint les couches intermédiaires de la société aussi brutalement que les classes populaires. Tout au long des trente dernières années, le taux de chômage des salariés intermédiaires est resté deux à trois fois plus faible que celui des ouvriers, lequel culmine en 2009 à plus de 13 % contre 5 % pour les professions intermédiaires (et 4 % pour les cadres). Par ailleurs, si déclin des classes moyennes il y a, ce déclin n'est pas non plus quantitatif. En trente ans, les professions intermédiaires salariées ont même vu leurs effectifs augmenter de plus de 50 % (passant de 4 à 6,2 millions entre 1982 et 2009), tandis que les classes moyennes non salariées enrayaient leur chute séculaire, avec des effectifs stabilisés autour de 1,5 million.

Les couches intermédiaires salariées et non salariées représentent aujourd'hui, à elles seules, 30 % de la population active occupée, contre le quart au début des années 1980 (et 20 % au début des années 1960). Le cœur des classes moyennes a donc continué à croître, en même temps que se fragilisait le socle du salariat modeste au-dessus duquel il est situé en termes de statut, de salaire ou de considération sociale. Autre indice de la même tendance : la part des ménages dont le revenu se situe aux alentours immédiats de la médiane des revenus (par exemple entre 75 % et 150 % de la médiane) a augmenté en France au cours de la période récente, quand elle diminuait dans la plupart des autres pays[1]. La désindustrialisation et le ralentissement économique amorcés à l'orée des années 1980 ont donc contribué à ancrer davantage encore les classes moyennes au centre de la société. Cette « moyennisation » a une traduction frappante : entre le milieu des années 1960 et le début des années 2000, la proportion d'individus se sentant appartenir à la classe moyenne a été multipliée par deux[2], passant en quelques décennies de 20 % à plus de 40 %.

À l'époque de leur essor, dans les années 1950 et 1960, les « nouvelles » classes moyennes n'avaient en réalité de moyen que le nom. Leur rémunération se situait plutôt dans le premier quart de la hiérarchie salariale et, à bien des égards, elles représentaient une élite davantage qu'une moyenne – élite certes en grande partie issue de familles modestes, mais actrice et bénéficiaire directe de la démocratisation scolaire et sociale alors en cours, protégée par des statuts de plus en plus solides et une croissance économique qui semblait ne jamais devoir ralentir. Les membres de ces nouvelles classes salariées n'étaient pas vraiment représentatifs du cœur de la société, encore largement dominé par la classe ouvrière et le monde agricole.

Aujourd'hui, la centralité du salariat intermédiaire est d'autant plus nette que le déclin de la classe ouvrière à un

1. Steve Pressman, « Les classes moyennes en France : perspectives internationales », communication au colloque *Classes moyennes et politiques publiques*, Centre d'analyse stratégique, décembre 2007.

2. Voir par exemple Régis Rigot, « Les classes moyennes sous pression », *Cahier de recherche du CREDOC*, 2008. Quand on offre la possibilité de se classer soit dans les classes moyennes inférieures, soit dans les classes moyennes supérieures, ce sont même plus des deux tiers de la population qui se reconnaissent dans l'une ou l'autre catégorie.

bout de l'échelle sociale s'accompagne d'une multiplication des emplois de cadres à l'autre extrémité. Rendue possible par la démocratisation de l'enseignement, cette expansion des catégories supérieures du salariat ne se dément guère depuis trente ans. Elle accompagne le continuel renouvellement des emplois au sein des entreprises, le renforcement constant des fonctions d'études, de recherches et de commercialisation au détriment des métiers les plus directement liés au processus de production. Dans les années 1950 ou 1960, les « nouvelles » classes moyennes n'avaient au-dessus d'elles, dans la fonction publique et les entreprises, qu'une mince élite de « cadres supérieurs » représentant seulement 5 % de la population employée. Aujourd'hui, le groupe social des cadres pèse trois fois plus, presque autant que les ouvriers. Face aux nouvelles technologies et aux nouveaux besoins de la population, les entreprises changent en profondeur, entraînant une mutation de la structure sociale, avec une répartition de plus en plus équilibrée des emplois entre le haut, le milieu et le bas des hiérarchies salariales (voir graphique 1).

Un nouvel équilibre social

Porté par la transformation des entreprises, le salariat intermédiaire a continué de grossir, sans que s'érodent pour autant ses protections face au chômage et la précarité, bien plus grandes que celles des ouvriers. La question demeure toutefois de savoir si cette résistance et ces progrès sur le front de l'emploi ne se sont pas payés d'un déclin au niveau des salaires, notamment vis-à-vis des cadres. La comparaison des rémunérations moyennes des différents groupes sociaux suggère que ce n'est pas le cas. Dans la fonction publique, l'écart de rémunérations moyennes entre cadres et professions intermédiaires est resté très stable tout au long de ces vingt dernières années (un peu au-dessus

Graphique 1

IMPORTANCE ET CENTRALITÉ CROISSANTES DES CLASSES MOYENNES

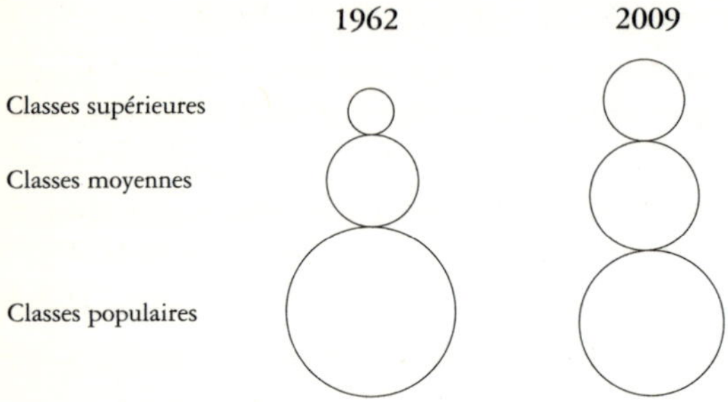

Note : La somme des trois surfaces est la même en 1962 et en 2009. À chaque date, la surface de chaque cercle est proportionnelle à la part des emplois de la classe sociale dans l'emploi total. Les « classes supérieures » comprennent les cadres et les chefs d'entreprise ; les « classes moyennes », les professions intermédiaires, les artisans et les commerçants ; les « classes populaires », les ouvriers, les employés et les agriculteurs.

de 30 %). Dans le privé, les écarts de rémunérations moyennes entre cadres et professions intermédiaires fluctuent davantage, mais ils sont néanmoins restés de l'ordre de 40 % tout au long de la période. Ces écarts de rémunérations sont perceptibles à tous les âges de la vie et reflètent des différences très nettes de formation initiale : plus de 60 % des cadres sont diplômés du supérieur long, contre à peine 20 % des professions intermédiaires. Contrairement à une idée reçue, les rendements des diplômes du supérieur sur le marché du travail sont restés très importants, en dépit d'une multiplication sans précédent des effectifs de diplômés.

Toutefois, le maintien des rémunérations moyennes des professions intermédiaires ne signifie pas que ces salariés ont gardé leur rang dans les *hiérarchies* de salaires au sein des entreprises ou des organismes publics. En réalité, la multiplication des postes de cadres au sommet des organigrammes les a probablement fait reculer, alors pourtant que les écarts de salaires moyens restaient stables. Pour bien comprendre le mécanisme en question, considérons une entreprise passant d'une situation où elle emploie 10 % de cadres (et 90 % de non-cadres) à une situation où elle emploie 40 % de cadres (et 60 % de non-cadres), à salaires moyens constants. À la suite de ce changement, chaque groupe social va avoir l'impression de reculer : le classement des cadres dans la hiérarchie des salaires passe en effet d'environ 5 sur 100 à 20 sur 100, tandis que celui des non-cadres passe d'à peu près 55 à 70 sur 100. Nous sommes dans cette configuration particulière où, du fait même de leurs évolutions démographiques respectives, tous les groupes sociaux tendent à décliner dans les classements salariaux alors que leurs salaires moyens relatifs sont constants : on peut qualifier ce recul général de « structurel », reflet de l'évolution des structures sociales, par opposition à un affaiblissement « intrinsèque » suscité par le décrochage des salaires d'un groupe social par rapport à un autre. De tels mécanismes ont sans doute été à l'œuvre au cours des dernières décennies, contribuant à répandre un sentiment de recul au sein du salariat intermédiaire, en dépit du maintien de ses salaires moyens.

Pour tester cette hypothèse, nous avons mobilisé les enquêtes de l'INSEE sur l'emploi conduites entre 1982 et 2009, et analysé l'évolution des classements moyens des membres des différents groupes sociaux dans les hiérarchies de salaires. En 1982, si l'on classe les salaires du plus grand au plus petit et que l'on projette le tout sur une échelle de 1 à 100, les cadres du privé se trouvent en moyenne autour du rang 12 (sur 100 personnes prises au hasard, le salaire d'un cadre se situe en moyenne au 12e rang). Près de trente ans plus tard, en 2009, du simple fait de l'expansion de leur groupe, ils sont en moyenne au rang 19, soit un recul de 7 rangs. Sur la même période, en raison de leur propre expansion et de la multiplication des postes de cadres au-dessus d'eux, les salariés intermédiaires du privé reculent du 28e au 38e rang, tandis que les salariés intermédiaires du public reculent du 33e rang au 40e, soit des reculs de 7 à 10 rangs, à peine plus importants que celui des cadres eux-mêmes.

En fin de compte, en tant que groupe social, le salariat intermédiaire n'a pas vraiment subi de recul salarial par rapport aux catégories supérieures. Simplement, du fait de l'expansion quantitative des cadres au détriment des ouvriers, il se place désormais juste au-dessus de la médiane de la distribution des salaires, plutôt que juste au-dessous du premier quart, occupant bien plus précisément qu'autrefois le point d'équilibre du salariat. Les dernières décennies n'ont pas été celles d'une régression des catégories intermédiaires dans la société, mais celles d'un rééquilibrage général de l'ensemble de la structure sociale autour de ce groupe de plus en plus vaste et central.

Classes moyennes et promotions professionnelles

Le fait que l'on ne puisse pas parler d'un déclin de la qualité des emplois occupés par les salariés intermédiaires ne signifie pas que ces salariés, en tant qu'individus, ne subissent pas de plus en plus des trajectoires personnelles descendantes. La classe moyenne est-elle peuplée de « déclassés », les « promus » se faisant progressivement plus rares ? Si le salariat intermédiaire incarne de moins en moins une forme d'élite et de plus en plus une moyenne, il le doit aussi au fait que ses membres sont de moins en moins perçus comme s'élevant au sein de la société. Accroc à l'idéal méritocratique que les classes moyennes ont si longtemps incarné ? En tout cas, cette hypothèse n'est pas incompatible avec le relatif dynamisme (collectif) des emplois intermédiaires que nous venons de constater.

Il y a au moins deux façons d'envisager le déclassement comme moment d'une biographie individuelle ou familiale. Il peut s'agir d'une menace pesant sur l'avenir personnel (un risque de faillite par exemple) ou sur celui des enfants (un risque d'échec scolaire)[1]. Mais il peut aussi s'agir d'une expérience passée, d'une réalité déjà inscrite dans l'histoire personnelle ou familiale : une faillite qui est survenue, un échec scolaire déjà consommé, etc.

En tant qu'ombre planant sur l'avenir, le déclassement alimente un sentiment d'insécurité et de peur, avec toutes les stratégies défensives qu'il peut provoquer, par exemple une attitude visant à privilégier les carrières les plus protégées au détriment des emplois les plus qualifiés. À l'inverse, en tant qu'expérience déjà vécue, le déclassement nourrit non pas de la peur, mais du ressentiment. Il touche moins les stratégies individuelles (scolaires ou sociales) que l'estime de soi, les valeurs et les représentations.

Le déclassement comme menace concerne tout le monde ou presque, et affecte des populations beaucoup plus vastes que le déclassement comme expérience effectivement subie. Plus rare, ce dernier entraîne des désespoirs et des rejets bien plus radicaux contre la société tenue pour « responsable », notamment quand il se diffuse au sein des classes moyennes, supposées être à l'abri. L'Allemagne des années 1920 donne un exemple tragique de ce phénomène, qui finit par menacer les institutions. En France aujourd'hui, les formes les plus douloureuses de déclassement sont celles qui frappent les personnes au milieu d'une carrière en cours d'accomplissement (par exemple à la suite d'un licenciement ou d'une faillite) pour les jeter dans des situations de pauvreté qui remettent tout en question. Entre 2009 et 2010,

1. Dans ce chapitre, nous explorons la proportion de « déclassés » et de « promus » parmi les membres des classes moyennes. Dans les chapitres suivants, nous analyserons cette proportion parmi les *enfants* des familles des classes moyennes.

lors de la dernière grande récession, plusieurs plans sociaux ont radicalisé des luttes dans lesquelles les salariés, désespérés, n'avaient plus rien à perdre (les « Contis », les « Molex », les « Philips », etc.).

Depuis trente ans, ces ruptures de carrière sont devenues incontestablement plus fréquentes qu'elles ne l'étaient dans les décennies d'après-guerre. Rapportées à la population totale, elles demeurent heureusement assez rares, les plans sociaux et licenciements économiques ne concernant chaque année qu'une infime minorité de salariés. Pour s'en tenir aux classes moyennes, les dernières enquêtes de l'INSEE sur la mobilité montrent que les flux de perte de statut socioprofessionnel en cours de carrière restent relativement faibles, même dans une période de ralentissement économique comme le début des années 2000. Ainsi, parmi les salariés des professions intermédiaires en 2003, seuls 4 % étaient cadres ou chefs d'entreprise en 1998 et peuvent donc être considérés comme des « déclassés ». À l'opposé, 17 % étaient ouvriers ou employés en 1998, soit des flux de promotions professionnelles quatre fois plus importants que les flux de pertes de statut en cours de carrière. Les classes moyennes restent un support de promotion professionnelle pour les ouvriers et les employés qualifiés, bien davantage qu'un réceptacle où échouent des cadres en rupture de ban.

Une classe de « déclassés » ?

Une expérience moins extrême d'échec social concerne les personnes qui se perçoivent en déclin par rapport à leurs propres parents : un salarié intermédiaire issu d'une famille de cadres, un technicien fils d'ingénieur, un instituteur enfant de professeur, un kinésithérapeute fils de radiologue, etc. Il est vrai que cette proportion de « déclassés par rapport aux parents » peut augmenter pour des raisons purement démographiques, n'ayant rien à voir avec un quelconque ratage ou blocage de la société. Par exemple, il est bien évident que, sur le long terme, le dynamisme des effectifs de cadres et de professions intellectuelles supérieures par rapport aux autres groupes sociaux joue mécaniquement dans le sens d'un accroissement de la proportion d'enfants de cadres et de professions intellectuelles supérieures que doivent recruter les autres groupes sociaux pour se renouveler au fil des générations. Il n'est pas indifférent de savoir que, même pour des raisons purement démographiques, tel groupe social se retrouve peuplé de personnes « en recul » par rapport au milieu de leur enfance, plutôt que de personnes « en ascension » par rapport à leurs parents.

Pour éclairer ces questions, nous avons retracé l'évolution, depuis les années 1980, de la proportion de « déclassés par rapport aux parents » au sein de chaque classe d'âge et de chaque grand groupe social (nous considérons qu'un membre du salariat intermédiaire est « déclassé » dès lors que son père exerçait comme cadre, profession intellectuelle supérieure ou chef d'entreprise).

Détruisant une idée reçue, ce calcul révèle d'abord que les personnes déclassées par rapport à leurs parents ne représentent qu'une petite minorité au sein des classes moyennes ; elles sont beaucoup moins nombreuses que les personnes en situation d'ascension sociale. Par exemple, en 2009, parmi les 30-39 ans, on compte à peine 13,5 % de déclassés au sein du salariat intermédiaire, contre 46 % de personnes en ascension sociale par rapport à leurs parents. Les classes moyennes sont un lieu de l'espace social où transitent des lignées en voie d'élévation bien davantage que des familles en déclin. Surtout, il apparaît qu'après avoir légèrement augmenté pour les générations nées dans les années 1960 (observées à 30-39 ans à la fin du XXe siècle), les effectifs de déclassés intergénérationnels ont eu tendance à reculer au sein des générations les plus récentes. Par exemple, parmi les 30-39 ans, la proportion de déclassés intergénérationnels est passée de 12,5 % en 1982 à 16 % en 1999, avant de redescendre aux alentours de 13 % ces dernières années. Il est difficile de chercher dans des fluctuations aussi marginales les indices d'un changement radical du rapport de la classe moyenne salariée à l'ordre social. Sur la même période de trente ans, la proportion de membres des classes moyennes salariées issus du salariat modeste est restée stable, alors que se renforçait la proportion de membres issus des classes moyennes elles-mêmes (salariées et non salariées) au détriment des membres issus de familles d'agriculteurs.

Les classes moyennes salariées ne se composent pas de personnes déclassées par rapport à leurs parents, mais elles recrutent de plus en plus dans leurs propres rangs. En même temps que leurs effectifs continuent de s'accroître et que leur place devient plus centrale dans les administrations et les entreprises, les classes moyennes tendent à se reproduire davantage au fil des générations, ce qui constitue un autre facteur d'affermissement de leur identité. Cette consolidation a d'autant plus de chances de se réaliser que les professions les plus typiques des classes moyennes (notamment celles du secteur public, par exemple les enseignants et les infirmières) restent perçues comme largement plus enviables que les emplois d'ouvriers ou d'employés.

Une classe moyenne déconsidérée ?

Quand on la compare à celle des ouvriers ou des employés, la situation des classes moyennes reste objectivement très enviable : moins de chômage, moins de précarité, un meilleur accès à la formation et à la promotion interne, des salaires plus élevés. En même temps, en se multipliant, les emplois intermédiaires se sont banalisés et se sont éloignés du sommet des hiérarchies salariales.

Ces évolutions contradictoires sont susceptibles d'altérer la façon dont les classes moyennes sont perçues au sein de la société. En se rapprochant d'une véritable « moyenne », les classes moyennes ont peut-être vu s'envoler la considération particulière, voire le prestige, dont elles jouissaient naguère, en particulier aux yeux des familles des classes populaires, pour lesquelles elles incarnaient un objectif réaliste d'ascension sociale. Leurs métiers sont-ils toujours perçus comme plus enviables que ceux d'employé ou d'ouvrier ?

Il existe une tradition d'enquêtes sociologiques au cours desquelles des échantillons représentatifs de la population sont invités à évaluer subjectivement les professions accessibles dans la société. Chaque personne est invitée à attribuer une note (par exemple de 1 à 5, où la note 3 est précisée correspondre à une situation moyenne) à chacune des professions d'une liste plus ou moins exhaustive, en se plaçant du point de vue d'un jeune entrant dans la vie active et en prenant en compte non seulement les revenus espérés, mais la considération sociale et l'image associées à chaque situation professionnelle. Une enquête française a été menée en 1997, donnant une photographie de la perception sociale des professions[1]. Le contexte – à peu près au milieu de la grande période de ralentissement économique de 1980-2010 – nous intéresse au premier chef ; en outre, il s'agit d'un moment assez parlant de cette longue séquence de croissance erratique, puisque situé quatre ans après une grande récession (1993) et à la veille d'une phase de forte reprise (1998-2000).

Conformément à une tendance avérée partout où ce type d'enquêtes a été conduit, les données recueillies révèlent tout d'abord un assez large consensus social sur les situations

1. Cette enquête et ses résultats sont présentés en détail dans l'article de Christine Chambaz, Éric Maurin et Constance Torelli, « L'évaluation sociale des professions en France », *Revue française de sociologie*, 1998, 39 (1), p. 177-226. Dans la suite de ce livre, nous utilisons l'échelle de prestige social des professions issue de cette enquête.

professionnelles accessibles. Autrement dit, il y a assez peu de différences d'évaluation entre les différents groupes de notateurs (hommes/femmes, ouvriers/cadres, etc.), même si les plus jeunes tendent à surnoter les métiers liés aux médias (journaliste), tandis que les plus âgés surnotent les métiers traditionnels, notamment ceux de l'artisanat ou de l'armée. S'agissant du contenu même de ce consensus social, les métiers des classes moyennes traditionnelles et du salariat intermédiaire sont placés juste au milieu de la hiérarchie des considérations sociales, à distance égale entre les métiers les plus considérés (professions libérales, cadres d'entreprise) et les métiers les moins considérés (ouvriers non qualifiés ou employés de commerce).

En première analyse, les différences de considération sociale entre grands groupes sociaux épousent étroitement les différences de revenus espérés. Mais l'enquête révèle également des hiérarchies très marquées au sein de chaque grand groupe social, les professions intermédiaires du public étant par exemple mieux valorisées que les professions intermédiaires d'entreprise ou que les métiers de l'artisanat et du commerce[1]. De fait, une analyse méticuleuse des facteurs valorisant une profession donnée isole très clairement non seulement le revenu attendu, mais la stabilité de l'emploi et la protection vis-à-vis du chômage et de la précarité. Au cours des dernières décennies, les professions intermédiaires n'ayant reculé ni en termes de rémunération ni en termes de protection devant la précarité, il n'est pas surprenant que leur prestige social figure nettement au-dessus des métiers d'ouvriers et d'employés. Au sein du salariat intermédiaire, à l'intérieur duquel les variations de perspectives de salaire ne sont

1. Il va de soi que les attaques dont la fonction publique a fait l'objet au cours des années 2000 ont pu contribuer à éroder le prestige particulier de ces métiers. On songe par exemple à la réforme de la formation des enseignants qui, en substituant une année de formation à la charge des étudiants à une année de formation comme fonctionnaire stagiaire, a pu contribuer à diminuer l'intérêt de cette filière pour les jeunes et les familles, notamment les plus modestes.

pas énormes, ce sont clairement les variations d'exposition au risque de licenciement et à la précarité qui font la différence.

La valeur toute particulière accordée aux situations professionnelles les plus protégées se manifeste concrètement au moment des récessions, lorsque la durée des périodes de chômage s'accroît et que la perte d'emploi représente une éventualité plus coûteuse encore qu'en temps normal. Après la récession de 1993, on a pu constater qu'une proportion inédite de jeunes diplômés faisait le choix de passer les concours de la fonction publique plutôt que de tenter de s'insérer dans le secteur privé, fût-ce au prix d'emplois moins qualifiés et de salaires moins élevés [1]. À partir du milieu des années 1990, les classes moyennes du public ont ainsi absorbé de nouvelles générations de fonctionnaires beaucoup plus diplômés qu'auparavant, soucieux d'éviter les récessions et les vagues de chômage qui frappent à intervalles réguliers le secteur privé (y compris les plus diplômés).

Aujourd'hui comme à chaque grande récession, les gouvernements font payer aux fonctionnaires une partie de l'addition, sous forme de modération salariale, de réduction d'effectifs ou de remise en cause des statuts. Ce scénario s'est déjà produit dans les années 1990 et, plus loin encore, dans les années 1930. Évidemment, cette politique n'a jamais été populaire chez les fonctionnaires, mais elle se heurte aujourd'hui à une résistance d'autant plus grande que les classes moyennes du public ont le sentiment d'avoir déjà payé leur tribut à la crise, sous la forme d'un emploi moins payé et qualifié que celui auquel leurs efforts et leurs diplômes leur auraient permis d'accéder dans le secteur privé.

1. Voir Éric Maurin, *La Peur du déclassement*, *op. cit.*

CHAPITRE 3

Les classes moyennes dans la compétition scolaire

Au cours des dernières décennies, l'école a acquis une importance inédite pour l'accès aux meilleurs emplois et aux meilleurs statuts. Il n'a jamais été aussi crucial de réussir sa scolarité, ni aussi pénalisant d'échouer. L'avantage dont bénéficient les jeunes diplômés s'accroît chaque fois que la crise s'aggrave : en 2009, au sortir de l'une des pires récessions de l'après-guerre, le taux de chômage des jeunes sans diplôme dépasse 40 %, alors qu'il n'est que de 20 % pour les simples bacheliers et n'excède pas 10 % pour les diplômés du supérieur. C'est un différentiel inédit dans l'histoire du pays. Certains s'alarment de la baisse de la valeur des diplômes : en vérité, ils n'ont jamais été aussi décisifs.

Dans ce contexte, aucun milieu social n'échappe à la pression scolaire. L'école est devenue le lieu d'une concurrence généralisée entre enfants de tous les milieux sociaux, sur des périodes de plus en plus longues, du primaire au supérieur. Accéder à tel établissement plutôt qu'à tel autre, à telle filière (ou telle option) plutôt qu'à telle autre, devient un enjeu obsédant : pour un nombre toujours croissant d'élèves et d'étudiants, chaque détail du dossier scolaire compte. Avec l'allongement de la durée d'études, les enjeux et les luttes de classements se sont multipliés et sophistiqués. Le chiffre d'affaires des entreprises de soutien scolaire explose et se mesure désormais en milliards d'euros. Chaque année, les familles dépensent en cours de soutien scolaire beaucoup plus que l'État n'a jamais dépensé pour les ZEP.

Les familles des classes moyennes sont sans doute celles pour qui ces évolutions ont l'impact psychologique le plus grand. Contrairement aux familles des classes supérieures, elles n'ont aucun patrimoine financier ou social à transmettre directement à leurs enfants. S'il survient, l'échec scolaire est pour elles sans appel : il n'y a pas de stratégie de substitution. L'école représente le seul vecteur grâce auquel elles peuvent envisager la promotion sociale de leurs enfants. Les classes moyennes ne sont pas tenaillées au jour le jour par les mêmes problèmes d'emploi ou de logement que les familles les plus modestes, mais elles sont confrontées à la question lancinante d'investir au plus juste leur temps et leurs ressources pour mieux aider leurs enfants.

Du fait même de leur position intermédiaire dans les hiérarchies sociales, les classes moyennes ont aussi ceci de spécifique qu'elles peuvent nourrir tout à la fois l'ambition d'une véritable élévation sociale pour leurs enfants et la crainte d'une relégation en bas de l'échelle. Elles font face à une incertitude devant l'avenir plus radicale encore que les autres milieux sociaux. Quand on compare les destins scolaires des frères et sœurs d'une même famille, c'est objectivement pour les enfants des classes moyennes que l'écart de réussite scolaire est le plus important. C'est au sein de ces catégories sociales que l'on trouve le plus fréquemment un enfant ayant au moins le bac général tandis qu'un autre ne l'a pas[1].

1. Enquête sur la formation et la qualification professionnelle (FQP), INSEE, 2003.

Avec la démocratisation de l'enseignement, l'échec scolaire est devenu pour les classes moyennes beaucoup moins fréquent qu'autrefois, mais non pas moins redouté, tant il est aujourd'hui synonyme de chômage et de précarité. Pour les familles dont les enfants n'échouent pas, la réussite est du reste rarement sans mélange, tant il demeure difficile pour les enfants des classes moyennes de se faire une place au sein des filières les plus sélectives (sans parler des grandes écoles les plus prestigieuses, toujours quasi inaccessibles). De tous les groupes sociaux, les classes moyennes sont celles qui, finalement, se déclarent les plus inquiètes pour l'avenir de leurs enfants[1].

Tout au long de la seconde moitié du XXe siècle, les portes du collège, puis celles du lycée et de l'université se sont ouvertes à des publics nouveaux. Les enjeux scolaires se sont déplacés au fil des réformes, chaque famille essayant de tirer parti des opportunités nouvelles et de pousser ses enfants plus loin encore qu'elle-même n'a jamais été. Dans cette course-poursuite, les familles des classes moyennes sont parties avec un temps d'avance sur les familles d'agriculteurs et d'ouvriers, et avec un temps de retard sur les familles de cadres. Elles ont tout mis en œuvre pour garder leur avantage sur les premières et combler leur retard sur les secondes. Il en résulte aujourd'hui, pour elles, des perspectives scolaires complètement renouvelées : les repères d'aujourd'hui ne sont plus ceux d'hier, mais l'anxiété est restée intacte. Comme nous allons le voir, les classes moyennes ont finalement réussi à éviter tout déclassement scolaire pour leurs enfants ; elles ont même grignoté une partie de leur retard sur les classes supérieures, mais au prix de scolarités plus longues, de sacrifices plus importants et d'un rapport à l'école plus âpre que jamais.

1. Voir Régis Bigot, « Les classes moyennes sous pression », art. cit.

La compétition scolaire, acte I (1960-1985)

En France comme dans la plupart des autres pays occidentaux, la seconde moitié du XXe siècle est marquée par un effort politique considérable pour élever le niveau de formation des générations successives. Des années 1950 et jusqu'au début des années 1980, cette politique volontariste s'appuie avant tout sur un allongement de la durée de la scolarité obligatoire, ainsi que sur une progressive unification des scolarités primaires, puis secondaires, au sein d'une même « école unique ». De la réforme Berthoin en 1959 à la réforme Haby en 1975, en passant par Capelle-Fouchet en 1963, il s'agit de réduire la proportion de personnes sortant sans qualification du système éducatif.

Cette politique intégratrice et uniformisatrice a rencontré en France de nombreuses résistances et s'est achevée plus tardivement que dans beaucoup d'autres pays. Elle n'en a pas moins fait considérablement reculer le nombre de jeunes sortant précocement du système scolaire et sans aucune qualification. La proportion de personnes sans diplôme (ou n'ayant pas dépassé le certificat d'études) passe ainsi de 40 % pour les générations nées juste après la guerre à moins de 25 % pour les générations nées au début des années 1960, les premières à avoir expérimenté le collège unique. Au fil de ces générations, ce sont essentiellement les diplômes professionnels courts qui se diffusent dans la population (CAP, BEP) et, à un moindre degré, les diplômes de l'enseignement universitaire court. En revanche, au cours de ce premier âge de la démocratisation scolaire, l'accès aux formations universitaires longues et aux grandes écoles reste réservé, pour l'essentiel, à une même petite fraction de privilégiés, un peu moins de 10 % au sein de chaque génération.

Centrée sur les premiers cycles du système éducatif, la politique du collège unique a surtout bénéficié aux enfants issus de milieux modestes et, dans une moindre mesure, aux enfants des classes moyennes. En une vingtaine d'années, la proportion d'enfants d'ouvriers ou d'agriculteurs sortant sans qualification de l'école a été divisée par deux. En revanche, cette politique a laissé intacts les destins scolaires des enfants des classes supérieures, dont l'écrasante majorité, dès les générations d'après-guerre, sortait déjà diplômée du système éducatif.

La généralisation du collège unique est une période au cours de laquelle la scolarité des enfants de l'élite est préservée, mais où s'opère néanmoins une première égalisation par le bas des lieux et des durées de scolarité. En termes de nombre total d'années d'études ou de proportion de personnes qualifiées dans chaque génération, l'avantage des classes moyennes sur les enfants d'ouvriers ou d'agriculteurs se réduit rapidement. Pour les classes moyennes, la démocratisation des premiers cycles du système éducatif a pour conséquence un brutal accroissement de la concurrence exercée par les classes populaires et un premier déplacement des enjeux scolaires. Pour maintenir son rang, il ne s'agit plus simplement d'obtenir une qualification professionnelle ; il devient nécessaire de pousser jusqu'au baccalauréat et au-delà. Au sein des générations nées au milieu des années 1960, plus de la moitié des enfants de professions intermédiaires salariées atteignaient déjà cet objectif, contre 20 % environ des enfants d'ouvriers. Soucieuses de se démarquer des classes populaires, les familles des classes moyennes se sont mobilisées, ont investi le lycée et, ce faisant, sont devenues une menace pour les enfants des classes supérieures.

Les enfants des classes moyennes ont bien mieux tiré parti des évolutions scolaires et universitaires initiées en Mai 68. Elles leur ont permis d'accéder à des niveaux d'éducation hors d'atteinte pour les enfants d'ouvriers ou d'agriculteurs. Lors des événements eux-mêmes, les principaux bénéficiaires de la désorganisation des examens ont été les étudiants et les lycéens issus des classes moyennes[1]. Cette année-là, beaucoup ont bénéficié d'un bac accordé à presque tous les candidats (sur la base de simples oraux) et ont ainsi pu rejoindre l'enseignement supérieur. Ces mêmes enfants des classes moyennes ont ensuite été les bénéficiaires les plus directs des réformes universitaires, notamment la création de nouvelles filières technologiques courtes à l'université. À cette époque, l'immense majorité des enfants des classes populaires n'entrait pas au lycée ; ils n'ont en rien pu tirer parti de ces opportunités nouvelles. Les événements de Mai 68 ont contribué à faire sauter les verrous qui bloquaient la scolarité des enfants des classes moyennes. Plus que les enfants des classes populaires, ils sont les grands gagnants du mouvement.

La compétition scolaire, acte II (1985-1995)

À partir du milieu des années 1980, en réponse au chômage qui frappe massivement les jeunes, s'ouvre une seconde période d'expansion éducative, plus brève mais plus intense, avec la création de nouveaux baccalauréats professionnels, la multiplication des filières universitaires courtes et, plus généralement, une ouverture de l'enseignement supérieur aux classes modestes. L'idée est de sortir du chômage des jeunes par le haut, en donnant à chacun une qualification secondaire ou supérieure qui le protège vraiment. En faisant émerger un chômage à deux chiffres chez les jeunes diplômés, la récession de 1993 a donné un coup d'arrêt à cette politique, laquelle sera ensuite abandonnée[2].

1. Éric Maurin et Sandra McNally, « Vive la révolution ! Long Term Returns of 1968 to the Angry Students », *Journal of Labor Economics*, 26 (1), p. 1-33, 2008.

2. Voir Éric Maurin, *La Nouvelle Question scolaire*, Paris, Seuil, 2007.

En quelques années, à la charnière des années 1980 et 1990, les initiatives des ministères successifs (Chevènement, Monory et Jospin) ont toutefois réussi à changer profondément le paysage scolaire français. L'essor des filières technologiques et professionnelles permet aux jeunes issus des classes modestes d'investir en masse le lycée, puis l'enseignement supérieur, la proportion d'enfants d'ouvriers ayant au moins le bac passant de 15 % pour les générations du début des années 1960 à 50 % pour les générations du début des années 1970. Du coup, l'enjeu, pour les familles des classes moyennes, se déplace une nouvelle fois : il devient nécessaire désormais d'investir les filières générales du lycée (les plus sélectives) et, si possible, d'obtenir un diplôme du supérieur. C'est chose faite pour une majorité d'enfants des classes moyennes, dès la génération 1975, alors que les enfants des classes populaires restent encore largement minoritaires à ce niveau.

En entrant en masse dans les premiers cycles de l'université, les classes moyennes maintiennent les classes modestes à distance, mais elles poussent les classes supérieures dans des études plus longues encore. Après être longtemps restée au-dessous de 40 %, la proportion d'enfants des classes supérieures diplômés du supérieur long augmente de près de 15 points entre les générations nées au début des années 1960 et celles du milieu des années 1970, consolidant une avance de plus de 20 points sur les enfants des classes moyennes. Chaque fois que les chances s'égalisent à un niveau du système scolaire, les milieux les plus favorisés se projettent un cran plus loin et maintiennent leur avantage, selon un processus qui semble ne jamais devoir finir, sauf à imaginer que tout le monde puisse un jour atteindre le même niveau maximal de qualification.

En embrassant l'ensemble des générations d'après-guerre, on discerne finalement une diffusion des diplômes en cascade à travers les différents milieux sociaux, à l'issue de laquelle l'avance scolaire des classes supérieures sur les classes moyennes de même que l'avance des classes moyennes supérieures sur les classes populaires change profondément de nature : elles se creusent désormais de plus en plus dans l'enseignement supérieur, et non plus seulement au collège ou au lycée. L'allongement de la scolarité obligatoire et l'homogénéisation de l'enseignement secondaire ont été les vecteurs d'un indiscutable rattrapage des catégories modestes, d'une réduction de leur retard en termes de durée d'études et de sorties sans qualification de l'école ; mais cette démocratisation « par le bas » a suscité, de la part des classes moyennes et supérieures, un surinvestissement dans l'enseignement supérieur, où les inégalités ont eu tendance à se maintenir, sinon à s'accroître.

Sans cesse renouvelées, les luttes scolaires portent sur des enjeux de plus en plus qualitatifs. Il ne s'agit plus d'avoir le bac, mais le bac dans la meilleure filière possible, avec la meilleure mention possible, celle qui permettra d'être retenu dans les filières universitaires les plus demandées[1]. Au-delà, il ne s'agit plus simplement d'aller dans le supérieur, mais d'y rejoindre les institutions les plus sélectives, celles à la sortie desquelles les employeurs embauchent les yeux fermés. L'objectif de chaque famille est de maintenir ses enfants le plus longtemps possible avec les meilleurs, de leur assurer le meilleur classement possible. De ce point de vue, comme nous allons maintenant le montrer, le bilan des décennies récentes est loin d'être défavorable aux enfants des classes moyennes.

1. Sur ce point, voir le travail récent de Mathieu Ichou et Louis-André Vallet, « The Relative Importance of Achievement and Tracking Decisions in Creating Educational Inequalities : Change Over Four Decades in France », *in* Michelle Jackson (dir.), *Determined to Succeed ? Performance, Choice and Education*, Stanford, Stanford University Press, à paraître.

La résistance au déclassement scolaire

Pour chaque famille prise isolément, les enjeux scolaires sont surtout des enjeux de classement. À la limite, peu importent les matières enseignées, le contenu effectif des diplômes : il faut fuir les filières où sont relégués les élèves les plus faibles et rejoindre celles où prospèrent les élèves les plus forts, sachant qu'en fin de compte les employeurs privilégieront l'embauche des jeunes issus des établissements et filières les plus sélectifs. Tout concourt à faire des scolarités une pure compétition, à faire oublier que l'école reste aussi, tant bien que mal, un lieu d'enseignement et de transmission.

Si la démocratisation de l'école est si souvent et si durement contestée (notamment par les enseignants), ce n'est pas simplement parce que ses bénéfices collectifs (bien réels pourtant) sont difficiles à isoler ; c'est aussi parce qu'elle bouscule les hiérarchies et les classements établis. Personne n'aime perdre son rang et personne ne veut lâcher prise. Derrière le refus du collège unique et la résistance à la démocratisation sont ainsi très souvent cachés et refoulés des enjeux de classement – la peur d'être le perdant dans le jeu d'une compétition aux règles sans cesse renouvelées. De ce point de vue, le système scolaire a connu de considérables évolutions au cours des dernières décennies : les bénéficiaires les plus directs en ont été, au moins dans un premier temps, les enfants des classes modestes (enfants d'agriculteurs notamment), tandis que les enfants des classes supérieures gardaient un accès privilégié aux sanctuaires d'élite (classes préparatoires et grandes écoles). Entre les deux, les classes moyennes étaient sans cesse obligées de déployer de nouveaux efforts pour se démarquer des nouveaux venus (notamment durant les années de collège et de lycée), sans l'assurance de pouvoir maintenir la qualité des enseignements reçus par leurs enfants, ni le classement final de ces derniers dans les hiérarchies scolaires.

Aux effets anxiogènes de la démocratisation scolaire s'ajoutent les tensions engendrées par la démographie sociale, notamment par la croissance du groupe des cadres au détriment de la classe ouvrière : les enfants des classes moyennes (professions intermédiaires, artisans ou commerçants) sont concurrencés par un nombre croissant d'enfants de cadres et de professions intellectuelles supérieures, si bien qu'il est mécaniquement plus difficile, pour eux, d'obtenir un bon classement scolaire. Pour maintenir son rang face à une concurrence plus rude, il ne suffit pas d'augmenter ses performances scolaires moyennes ; il faut les accroître plus vite encore que celles des groupes sociaux dont la taille augmente. Dans quelle mesure les classes moyennes y sont-elles parvenues ? Leur surcroît d'investissement dans l'enseignement secondaire et supérieur a-t-il été payant ?

Souvent émise et discutée, l'hypothèse d'un déclassement scolaire des enfants des classes moyennes n'a, à notre connaissance, jamais été testée en tant que telle. En toute rigueur, pour élaborer un tel test, il faut commencer par attribuer à chaque personne le rang scolaire auquel son niveau de diplôme correspond dans sa génération de naissance. Par exemple, au sein de la génération née en 1955, nous observons 7 % de titulaires du plus haut niveau de diplôme (supérieur long) et le rang moyen susceptible d'être attribué à chacun de ces diplômés est donc à peu près de 4 sur une échelle allant de 1 à 100, puisqu'ils se répartissent entre le rang 1 et le rang 7. Au sein de cette même génération, on observe que 30 % des personnes sont dépourvues de diplôme (niveau de formation le plus faible) et, en suivant la même logique, le rang moyen susceptible d'être alloué à chacune d'elles est d'environ 85 sur la même échelle de 1 à 100, puisque cette fois elles se répartissent entre le rang 71 et le rang 100. Pour la génération née en 1965, dix ans plus tard, la proportion de personnes sans diplôme n'est plus que de 20 % et leur rang scolaire tombe donc au niveau 90 sur l'échelle de 1 à 100. Conformément à ce que suggère l'intuition, le rang scolaire des personnes sans diplôme décline au fil des générations, au fur et à mesure que les diplômes se diffusent dans la population.

Une fois attribué un classement scolaire à chaque personne, il devient possible de calculer le classement moyen des personnes issues d'un même milieu social et d'évaluer les différences de rang séparant en moyenne les différents milieux sociaux. Comme on pouvait s'y attendre, ces différences sont étroitement liées à la hiérarchie sociale habituelle. Dans la génération née en 1955, le rang des enfants de cadres est en moyenne de 21 sur une échelle de 1 à 100, celui des enfants de professions intermédiaires de 37, tandis que les enfants d'artisans-commerçants se classent en moyenne au rang 45, les enfants d'agriculteurs au rang 53 et les enfants d'ouvriers au rang 59. Autrement dit, dans des classes de vingt-cinq élèves, les enfants de cadres se situent en moyenne à la 5e place, les enfants de professions intermédiaires à la 9e et les enfants d'ouvriers à la 15e.

De manière plus intéressante encore, et centrale pour notre propos, il est possible de mesurer la façon dont se modifie ce classement social au fil des générations, et notamment la façon dont évolue la position des enfants des classes moyennes. Cette étude révèle une très grande stabilité des rangs atteints par les différents milieux sociaux, notamment les classes intermédiaires et modestes. Les enfants des classes moyennes sont au rang 40 dans les générations nées immédiatement après la guerre, au rang 41 dans les générations du début des années 1960 et au rang 42 dans la cohorte née en 1975, les quelques fluctuations observées au fil de ces trente années n'étant pas distinguables d'un aléa statistique. Un même diagnostic émerge pour les enfants des classes populaires, situés en moyenne au rang 56 pour les générations d'immédiat après-guerre, au même rang 56 pour les générations du début des années 1960 et encore au rang 58 pour les générations du milieu des années 1970.

En fait, la seule évolution notable observée tout au long de la période est celle d'une érosion du classement des enfants de cadres, sous l'effet combiné de leur propre dynamisme démographique et de la politique scolaire, dont ils n'ont pas bénéficié directement. Dans l'immédiat après-guerre, sur une échelle de 1 à 100, il y avait en moyenne 18 rangs d'écart entre les classes moyennes et les classes supérieures ; trente ans plus tard, il n'y a plus que 12 rangs d'écart (voir graphique 2). Au fil des générations, l'écart entre classes moyennes et classes populaires est resté quasi constant (16 rangs)[1].

Les décennies d'après-guerre ont connu des modifications très profondes dans le système scolaire et des changements considérables dans la signification des diplômes. Pourtant, les différences de statut social entre les familles déterminent toujours de la même façon les écarts de rang scolaire entre enfants. En tout cas, au sens fort du terme, les enfants des classes moyennes n'ont subi aucun déclassement scolaire au fil des générations. Ils ont même eu tendance à combler une partie de leur retard sur les enfants de cadres. Cela ne signifie pas que rien n'ait changé. Il n'est pas anodin de devoir fournir davantage d'efforts pour éviter simplement un recul ou pour obtenir un léger progrès. Si changement il y a eu, ce n'est pas dans la situation objective des enfants des classes moyennes à la sortie de l'école ; c'est dans le rapport toujours plus anxieux à l'école et aux autres, cette concurrence étant nécessaire pour maintenir le *statu quo*.

Au-delà, l'inquiétude des classes moyennes vis-à-vis de l'école se nourrit du sentiment que l'accès aux positions scolaires les plus enviées leur reste finalement toujours fermé,

1. Dans la mesure où l'importance relative des milieux sociaux varie dans le temps, la montée d'un milieu social dans les classements ne se fait pas nécessairement au détriment des autres. Par exemple, du fait de la baisse de leur importance relative dans la population, la montée des enfants d'agriculteurs dans les classements scolaires ne se réalise pas nécessairement au prix d'une baisse des enfants des autres milieux sociaux.

Graphique 2

Rangs scolaires des enfants selon la classe sociale d'origine (cohortes nées entre 1954 et 1977)

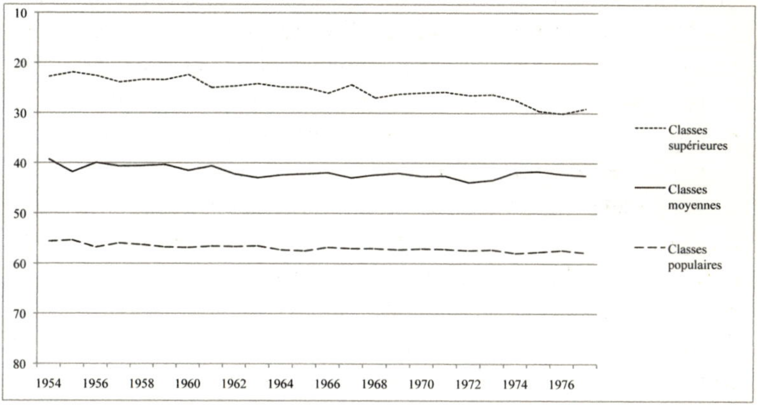

Source : enquête Emploi, 1982-2009, INSEE.

Note : pour chaque cohorte de naissance, les rangs scolaires des enfants de différents milieux sont estimés entre 28 et 32 ans (une fois la scolarité terminée). Les « classes supérieures » comprennent les cadres et les chefs d'entreprise ; les « classes moyennes », les professions intermédiaires, les artisans et les commerçants ; les « classes populaires », les ouvriers, les employés et les agriculteurs.

Lecture : parmi les individus nés en 1977, sur une échelle de 1 à 100, le rang scolaire moyen des enfants de classes moyennes à l'issue de leur scolarité est de 42.

quels que soient les efforts consentis et le temps passé à l'école par leurs enfants. Un nombre croissant d'enfants des classes moyennes entrent et réussissent dans l'enseignement supérieur, mais – paradoxe de la démocratisation – une proportion toujours aussi grande de ces nouveaux venus fait l'expérience de l'échec à l'entrée des filières d'élite.

Les grandes écoles, sésame de la réussite

En France, on le sait, l'accès aux principaux emplois de l'administration, des affaires ou du monde scientifique et intellectuel est en grande partie réservé aux diplômés des grandes écoles : Polytechnique, HEC, l'ENA, Normale sup, Sciences Po, etc. Si les enfants des classes moyennes ne parviennent toujours pas à rejoindre l'élite sociale du pays, c'est d'abord parce que cette porte ne s'ouvre pas. Entre un diplômé de grande école et un diplômé d'une filière universitaire non sélective, il y a très peu de différences au regard du temps passé dans le système éducatif : en moyenne, tous les deux y sont restés jusqu'à l'âge de 25 ans. Pour autant, les diplômés de grandes écoles accèdent beaucoup plus rapidement à des emplois d'encadrement, ils sont beaucoup moins exposés au chômage d'insertion et leurs salaires sont plus élevés à toutes les étapes de la carrière. En 2009, dans les années qui suivent l'entrée sur le marché du travail, les diplômés des grandes écoles gagnent en moyenne 30 % de plus que les autres diplômés du supérieur long. De quelque manière que l'on aborde la question, il n'y a guère de comparaison entre le destin professionnel des diplômés d'une grande école et celui des simples diplômés de l'université, alors que leurs familles les ont soutenus à l'école le même nombre d'années.

Longtemps, le système des grandes écoles est resté à l'écart des politiques de démocratisation de l'enseignement, lesquelles sont restées centrées sur les premiers cycles scolaires. Quand on compare les générations nées juste après la guerre et celles nées au milieu des années 1960, la proportion accueillie dans les grandes écoles (au sens large[1]) reste très stable, aux alen-

1. Diplômés des écoles d'ingénieurs, de commerce, d'études comptables supérieures, diplômes de notaire, d'avocat, d'architecte, d'art (DNSEP), de journalisme, de vétérinaire, etc.

tours de 4 % pour les garçons et de 1 % pour les filles. Au sein de chaque génération, ces petites fractions d'élus sont issues, dans leur majorité, des seules classes supérieures, alors que ces dernières ne représentent qu'une petite minorité de l'ensemble des familles[1]. Tout au long de cette période, on peut finalement évaluer à 10 % la proportion d'enfants de cadres accédant aux grandes écoles, tandis que les chances d'accès sont d'environ 2 % ou 3 % pour les enfants des classes moyennes (professions intermédiaires ou artisans-commerçants) et parfaitement résiduelles (inférieures à 1 %) pour les enfants d'ouvriers ou d'agriculteurs. Les années 1960 sont souvent mythifiées comme un âge d'or de la méritocratie française, au cours duquel les enfants des classes moyennes et populaires avaient de réelles chances d'accéder à l'élite scolaire, chances que la démocratisation aurait ensuite amoindries. En vérité, ces enfants étaient écartés des filières d'élite avec une brutalité plus grande qu'aujourd'hui.

À la charnière des années 1980 et 1990, le système des grandes écoles commence à s'ouvrir à son tour, avec notamment la création de nouvelles « petites » grandes écoles en marge du noyau immuable et prestigieux des plus anciennes. Plutôt moins sélectives que les écoles traditionnelles, ces nouvelles institutions permettent aux enfants des classes moyennes (notamment salariées) de rattraper une partie de leur retard. Pour les générations nées dans les années 1950, les enfants de cadres avaient trois à quatre fois plus de chances d'intégrer une grande école que les enfants des classes moyennes. Ce rapport tombe à deux pour les générations nées au milieu des années 1970, avec des

1. Si l'on se restreint aux très grandes écoles (les vingt plus prestigieuses), le pourcentage est beaucoup plus faible (à peine 1 % pour les garçons, moins encore pour les filles) et tout aussi stable dans le temps. Dans l'enquête Emploi de l'INSEE, les très grandes écoles correspondent aux établissements suivants : Centrale, École de l'air, École de la magistrature, ESSEC, ENA, ENGREF, ENSAE première division, génie maritime, HEC, INA (agro), Mines, Navale, Normale sup, Polytechnique, Ponts, Saint-Cyr, Sciences Po Paris, Sup-Aéro, Télécom.

probabilités d'accès voisines de 15 % pour les enfants de cadres et de 8 % pour les enfants de professions intermédiaires. Les inégalités d'accès à l'élite scolaire restent très élevées, mais elles tendent néanmoins à s'atténuer.

L'extension du système des grandes écoles permet également aux filles de mieux s'y insérer et de rattraper une partie de leur retard. L'arrivée des filles contribue indirectement à réduire les inégalités selon l'origine sociale, ce facteur ayant historiquement un peu moins d'importance pour les filles que pour les garçons. Au sein des générations nées au milieu des années 1970, 13 % des filles de cadres sont admises dans une grande école, 7 % pour les filles des classes moyennes et 1 % pour les filles d'ouvriers.

Influencé par la démocratisation du collège et du lycée, le système des grandes écoles a commencé à s'ouvrir à de nouveaux publics, plus féminins et moins exclusivement issus des classes supérieures. Aussi limitée et périphérique soit-elle, cette ouverture entraîne une légère réduction des inégalités d'accès à l'élite scolaire par rapport aux générations d'immédiat après-guerre. Mais elle s'accompagne d'un changement dans la nature de ces inégalités, puisque celles-ci se creusent désormais beaucoup plus tard dans les cursus, au sein de publics plus diplômés et plus homogènes. Concrètement, c'est après le bac que tout se joue aujourd'hui, et non plus avant : la proportion de bacheliers qui réussissent une grande école stagne au fil des générations au sein des classes moyennes (autour de 10 %), alors que cette proportion tend à augmenter au sein des classes supérieures (atteignant 20 % pour les générations les plus récentes, contre 15 % pour les générations des années 1950 et 1960).

Selon une logique maintes fois rencontrée dans l'histoire de notre système éducatif, les familles des classes supérieures se mobilisent dans l'enseignement supérieur pour maintenir, ne serait-ce que partiellement, leur avance scolaire face à une concurrence de plus en plus pressante de la part des bacheliers issus des classes moyennes. En fin de compte, les inégalités d'accès à l'élite scolaire traduisent de moins en moins des inégalités entre collégiens et lycéens, mais de plus en plus des inégalités entre bacheliers au sein de l'enseignement supérieur. En se déplaçant et en changeant de nature, les inégalités scolaires provoquent une frustration grandissante, alors que, considérés dans leur globalité, les parcours scolaires tendent plutôt à s'égaliser.

CHAPITRE 4

L'ascension sociale des enfants de classes moyennes

Tout au long du XXe siècle, la modernisation de l'économie et la démocratisation scolaire ont laissé espérer l'avènement d'une société où l'accès aux emplois les plus qualifiés serait fonction non plus de l'hérédité sociale, mais de l'effort et des talents individuels, tels qu'ils peuvent se révéler à l'école au cours d'une compétition où tous auraient les mêmes chances. Cette attente a été en partie déçue pour au moins deux raisons.

En premier lieu, à bien des égards, tout le monde n'a pas les mêmes chances à l'école – et la démocratisation de l'enseignement n'y a rien changé. La compétition scolaire consacre et légitime la force de l'héritage familial autant que les efforts et talents individuels. L'harmonisation et l'allongement général des études n'ont pas empêché la persistance d'un inexorable déterminisme social à l'école, même si les familles favorisées ont dû accroître leur aide et renouveler sans cesse les formes de leur soutien pour maintenir la place de leurs enfants dans les hiérarchies scolaires. Les réformes de l'école, même les mieux intentionnées, se heurtent invariablement aux stratégies de résistance et de contournement des parents les plus informés.

L'espoir de faire advenir une société où les inégalités diminueraient au fil des générations s'est heurté à une autre réalité : l'ascendance sociale pèse sur les carrières professionnelles *même après la sortie de l'école*. Les diplômes font beaucoup, mais ils ne font pas tout ; les inégalités continuent de se creuser tout au long de la vie entre personnes d'origines sociales différentes, même lorsque celles-ci ont acquis les mêmes titres scolaires. Ainsi, les diplômés fils de cadres deviennent bien plus souvent cadres eux-mêmes que les diplômés fils de techniciens ou de petits commerçants[1]. Du coup, la question du déclassement social des enfants des classes moyennes peut se poser indépendamment de leur réussite scolaire. Les familles des classes moyennes ont réussi à maintenir le rang scolaire de leurs enfants au fil des réformes successives, mais cela ne signifie pas que, par la suite, leurs enfants aient réussi à garder leur position sociale. Certains avancent même l'hypothèse que les efforts scolaires des enfants des classes moyennes ont été payés en monnaie de singe et n'ont pas empêché leur déclin social. Pour la première fois dans l'histoire, dit-on, les parents des classes moyennes ne seraient pas assurés de voir leurs enfants s'élever au-dessus d'eux.

Éclairer la question du déclassement intergénérationnel de façon un tant soit peu rigoureuse n'est pas chose aisée. L'exercice demande de disposer de données portant simultanément sur la carrière des personnes et leur origine sociale, et devant par ailleurs être recueillies de façon homogène sur une longue période. Nous allons à nouveau recourir à la série des enquêtes sur l'emploi de l'INSEE : depuis 1982, cette enquête donne une information non seulement sur le statut

1. Voir par exemple Dominique Goux et Éric Maurin, « Destinée sociale : le rôle de l'école et du milieu d'origine », *Économie et Statistique*, n° 306, 1997.

social de chaque répondant, mais également sur celui de son père. En synthétisant les enquêtes conduites entre 1982 et 2009, on est en mesure de construire, pour chaque milieu social d'origine et chaque cohorte née entre 1952 et 1970, de vastes échantillons représentatifs des personnes âgées de 30 à 39 ans avec une indication précise sur leur situation sociale[1].

La cohorte née en 1952 a 30 ans en 1982 : c'est la plus ancienne dont on puisse observer la situation professionnelle sans biais sur la tranche d'âge 30-39 ans (la cohorte née en 1951 n'est observable qu'entre 31 et 39 ans). Symétriquement, la cohorte née en 1970 a 39 ans en 2009 : c'est la dernière dont on puisse observer sans biais la situation à 30-39 ans (la cohorte 1971 n'est observable qu'entre 30 et 38 ans). Dès lors, ces dix-neuf générations de naissance (1952-1970) sont les plus récentes pour lesquelles un diagnostic cohérent sur le déclassement social est envisageable. Elles sont particulièrement intéressantes à analyser, puisque les plus anciennes sont nées trop tôt pour avoir connu le collège unique, tandis que les plus récentes sont parmi les premières à avoir bénéficié de la dernière phase de démocratisation du lycée et des premiers cycles universitaires.

À notre connaissance, l'analyse qui suit est la première à comparer rigoureusement l'exposition au déclassement social des générations de la démocratisation scolaire avec celle des générations antérieures[2]. Elle est la première à mettre au jour *le recul du*

1. Considérer une tranche d'âge décennale (plutôt que quinquennale par exemple) permet de disposer d'observations suffisantes pour évaluer avec un maximum de précision la situation de chaque cohorte de naissance. Pour identifier les inflexions historiques du déclassement intergénérationnel, il est en effet important de ne pas imposer un découpage *a priori* de l'ensemble des cohortes observées (des groupes de cinq ou dix cohortes par exemple). Par ailleurs, se restreindre à des individus dans la tranche 30-39 ans permet de comparer les cohortes de naissance à un moment de leur cycle de vie où tous leurs membres sont sortis de l'école.

2. Parmi les études récentes ayant comparé les générations antérieures, on peut citer celle de Camille Peugny, « Éducation et mobilité : la situation paradoxale des générations nées dans les années 1960 », *Économie et Statistique*, n° 410, 2007.

déclassement intergénérationnel qui a accompagné l'ouverture de l'enseignement supérieur aux classes moyennes et populaires en France.

Démocratisation scolaire et recul du déclassement

Avec ce panel d'informations sur l'origine sociale et les carrières, nous sommes en mesure de décrire, pour chaque milieu social d'origine, la proportion de chaque génération qui se trouve dans une situation sociale plutôt inférieure à celle de ses parents ou, au contraire, dans une situation plutôt supérieure. S'agissant des enfants des classes moyennes nés en 1952, nous observons par exemple qu'à 30-39 ans, environ 43 % d'entre eux sont ouvriers ou employés et peuvent donc être considérés sans trop d'ambiguïté comme déclassés. Pour les enfants de cadres nés à la même date, nous observons au même âge une proportion de 58 % de salariés modestes ou de salariés intermédiaires, soit une proportion de déclassés plus forte encore. Nous touchons là à deux propriétés fondamentales du déclassement intergénérationnel, qui sont souvent oubliées dans les analyses : d'une part, le déclassement intergénérationnel n'a pas surgi récemment dans l'histoire mais représente depuis longtemps un risque réel au sein des classes moyennes et supérieures [1] ; d'autre part, plus les parents sont haut placés dans la hiérarchie sociale, plus la probabilité est élevée que leurs enfants fassent moins bien qu'eux. Cela peut sembler un truisme, mais le déclassement est une menace d'autant plus réelle qu'on part d'une situation élevée.

1. C'est le signe qu'une société n'est pas complètement sclérosée. De façon générale, on ne peut pas d'un côté déplorer le manque de fluidité et la fermeture de la société française et, de l'autre, s'alarmer du déclassement subi par les élites et les classes moyennes : les deux phénomènes sont les deux facettes d'une même pièce.

S'agissant maintenant de l'évolution de ce phénomène, contrairement à une idée reçue, il n'a pas augmenté au fil des générations. Parmi les enfants des classes moyennes nés en 1970 et ayant eu 30 ans au début des années 2000, on compte à peu près la même proportion de déclassés que parmi les cohortes nées vingt ans plus tôt et ayant eu 30 ans au début des années 1980. En d'autres termes, le risque de déclassement est assez fort pour les enfants des classes moyennes, mais pas spécialement plus élevé que naguère. Un examen plus attentif de cette succession de cohortes révèle que la proportion de déclassés a légèrement augmenté jusqu'aux cohortes ayant atteint 30 ans au début des années 1990, avant d'entamer un repli. Un résultat similaire émerge pour les enfants de cadres : après s'être maintenu à des niveaux très élevés (avec un maximum de 60 % pour les cohortes ayant eu 30 ans au début des années 1990), le déclassement de ce groupe social s'est tassé pour retrouver des niveaux inférieurs à ceux des générations nées dans les années 1950 (aux alentours de 55 %).

Ce recul récent du déclassement intergénérationnel des enfants de cadres et de classes moyennes coïncide avec la montée du collège unique et la démocratisation scolaire, puisque les cohortes nées entre 1960 et 1970 sont arrivées au collège entre le début des années 1970 et le début des années 1980. Comme nous avons déjà eu l'occasion de le montrer, cette phase d'ouverture du système scolaire s'est accompagnée d'une amélioration générale de la qualité de l'insertion professionnelle des générations, laquelle s'est finalement traduite par un recul du déclassement au sein des différents groupes sociaux. Le recul est plus sensible pour les classes moyennes salariées que pour les classes moyennes non salariées : mieux armées pour aider leurs enfants à l'école, les premières ont davantage tiré parti des grandes réformes scolaires.

La promotion sociale des enfants de classes moyennes

D'une génération à l'autre, certaines personnes font l'expérience d'un déclassement par rapport au milieu de leur enfance, mais d'autres parviennent au contraire à s'élever socialement. Pour les enfants des classes moyennes, les chances d'ascension sociale vers les catégories supérieures n'ont jamais été très élevées. Contrairement à une idée reçue, il n'y a jamais eu d'« âge d'or » : au sein de la génération née en 1952, la probabilité que les enfants des classes moyennes accèdent à des positions de cadres ou de chefs d'entreprise ne dépasse pas 15 % (toujours à 30-39 ans). Au sein de ces générations d'immédiat après-guerre, seule une petite minorité d'enfants des classes moyennes parvient à s'élever au-dessus du milieu des parents. Les places au sein de l'élite sont étroitement limitées et la concurrence des enfants de l'élite elle-même n'est jamais facile à surmonter, à aucune époque.

Toutefois, les difficultés rencontrées par les enfants des classes moyennes pour s'élever dans la société ont eu tendance à décroître au fil du temps. Après être restée stable (aux alentours de 15 % pour les cohortes ayant eu 30 ans dans les années 1980), la probabilité d'accéder aux catégories supérieures s'est mise à augmenter pour dépasser 20 % pour les générations nées vingt ans plus tard et ayant atteint 30 ans au début des années 2000 (voir graphique 3).

Comme nous l'avons vu précédemment, tout au long de ces années, les enfants des classes moyennes ont eu la possibilité d'entrer en plus grand nombre dans les grandes écoles et ils se sont ainsi peu à peu ouvert les portes de l'élite sociale. Cette période coïncide avec un rebond des perspectives d'ascension

Graphique 3

Promotion intergénérationnelle selon l'origine sociale et la cohorte de naissance

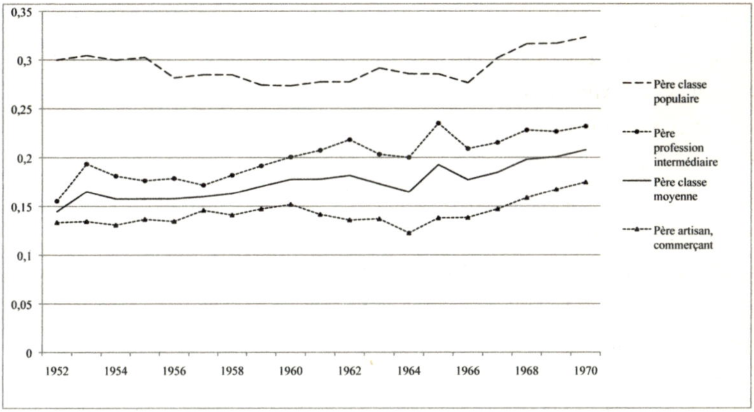

Source : enquêtes Emploi, 1982-2009, INSEE.

Champ : personnes actives, nées entre 1952 et 1970 et âgées de 30-39 ans.

Note : les personnes issues des classes moyennes (père profession intermédiaire ou artisan-commerçant) sont dites « en ascension sociale » si elles sont cadre ou chef d'entreprise de plus de dix salariés. Les personnes issues des classes populaires (père ouvrier ou employé) sont dites « en ascension sociale » si elles sont cadre, artisan, commerçant, chef d'entreprise, profession intermédiaire.

Lecture : parmi les personnes issues des classes moyennes, la proportion s'élevant au-dessus de leur milieu d'origine est de 15 % au sein de la cohorte née en 1952 et de 21 % pour la cohorte née en 1970.

sociale pour les enfants d'ouvriers (après une phase de déclin), mais ce regain est de moindre ampleur que celui dont bénéficient les classes moyennes. Partant de plus bas dans la hiérarchie sociale, les enfants d'ouvriers ont plus de chances que les enfants des classes moyennes de s'élever au-dessus de leurs parents, mais l'écart entre les deux groupes sociaux est désormais plus faible qu'il ne le fut pour les générations nées dans l'immédiat après-guerre[1].

Sous l'effet combiné de la démocratisation scolaire et des changements technologiques favorables aux emplois qualifiés, la situation des enfants des classes moyennes a finalement eu tendance à s'améliorer tant par rapport à celle de leurs concurrents que par rapport à celle de leurs parents. Les personnes nées au début des années 1970 et ayant eu 30 ans au début des années 2000 sont plus souvent en situation d'ascension sociale (et moins souvent en situation de déclassement social) par rapport à leurs parents que les personnes nées vingt ans plus tôt. On est donc bien loin des constats alarmistes sur la panne de l'« ascenseur social ».

Les fluctuations historiques du déclassement intergénérationnel

Il y a autant de définitions du déclassement qu'il y a de manières de qualifier la situation présente d'un individu par rapport à ce que laissait espérer ou craindre son histoire personnelle. On peut choisir de le situer par rapport au milieu social de son enfance, ou par rapport au statut qu'il a atteint à la fin de sa

1. L'amélioration de la situation relative des enfants des classes moyennes par rapport aux enfants des autres milieux sociaux est également perceptible quand on se penche sur la période d'insertion professionnelle qui suit la sortie de l'école.

scolarité, ou encore par rapport à ce que promettait son premier emploi. Cette pluralité de points de référence explique la cacophonie dans laquelle sombrent bien des débats sur l'étendue réelle du déclassement, sa répartition entre groupes sociaux et son évolution dans le temps[1].

Au-delà de ces problèmes de définition, les divergences de diagnostics reflètent souvent des différences dans le choix des générations retenues comme point de départ et comme point d'arrivée. Par exemple, si à l'aide des mêmes enquêtes Emploi conduites entre 1982 et 2009 nous avions choisi d'étudier le déclassement au fil des cohortes nées entre 1942 et 1960 (en nous restreignant donc à la tranche d'âge 40-49 ans), nous aurions manqué le retournement récent accompagnant la démocratisation scolaire et aurions diagnostiqué une hausse tendancielle du déclassement des enfants des classes moyennes. Si nous avions davantage encore déplacé le curseur pour étudier les générations plus anciennes nées en 1932-1950 (observées dans la tranche d'âge 50-59 ans), nous aurions isolé le formidable appel d'air qu'a constitué la période de reconstruction du pays pour les générations nées dans les années 1930 et 1940, et nous aurions tout au contraire diagnostiqué une baisse historique du déclassement.

Il est toujours difficile de se risquer à des conclusions portant sur de longues périodes, ne serait-ce que parce que le sens des catégories sociales change (une origine ouvrière en 1970 n'a pas la même signification qu'une origine ouvrière en

1. Au demeurant, le diagnostic porté dans ce chapitre ne dépend pas de la définition retenue pour le déclassement intergénérationnel. Par exemple, il reste complètement inchangé si l'on choisit de considérer également comme déclassé un enfant de classe moyenne (ou supérieure) devenant agriculteur (plutôt que de restreindre le déclassement des classes moyennes au passage dans la catégorie ouvrier ou employé). Il reste également valable lorsqu'on choisit de mesurer le déclassement en comparant le prestige social détaillé des parents et des enfants (plutôt que leur groupe social d'appartenance).

1930). Toutefois, en mettant bout à bout et en analysant simultanément[1] l'ensemble des générations nées entre 1932 et 1970 (parvenues à l'âge adulte entre 1950 et 1990), il ressort que le déclassement intergénérationnel a baissé pour les générations bénéficiaires de la période de reconstruction, avant de remonter quand la croissance a retrouvé un rythme plus lent ; et il a recommencé à diminuer avec la démocratisation scolaire des années 1980 (voir graphique 4). En présence de telles fluctuations, on voit comme il est simple de délivrer des diagnostics contradictoires, alors qu'ils ne portent tout simplement pas sur les mêmes périodes, ni ne reflètent les mêmes basculements politiques ou économiques.

Au-delà des difficultés de méthode, il y a un dernier problème de fond, souvent mal compris : le déclassement intergénérationnel peut rester stable (voire diminuer) pour chaque groupe social pris séparément et, dans le même temps, augmenter quand on considère l'ensemble des groupes sociaux. Il suffit que la composition de la population se déforme au profit des classes sociales les plus exposées au déclassement. Pour revenir aux cohortes nées entre 1952 et 1970, on constate en leur sein une diminution très sensible des personnes issues d'un milieu ouvrier ou employé (par définition moins concernées par le déclassement intergénérationnel) au profit de personnes issues de groupes sociaux demeurant très exposés au déclassement tout au long de la période (classes supérieures et moyennes). Il en résulte une hausse apparente du risque de déclassement dans la population totale, alors qu'en réalité ce risque diminue ou stagne au sein de chaque milieu social. En raisonnant de manière indistincte sur l'ensemble de la population, on s'expose à diagnostiquer une hausse des probabilités individuelles de

1. Cette analyse simultanée de l'ensemble des générations demande de mesurer puis de neutraliser les effets de l'âge sur le déclassement, puisque les générations les plus anciennes ne sont pas observées aux mêmes âges que les plus récentes.

Graphique 4

Le déclassement sur longue période. Évolution du déclassement intergénérationnel des enfants de classes moyennes au fil des cohortes nées entre 1932 et 1970

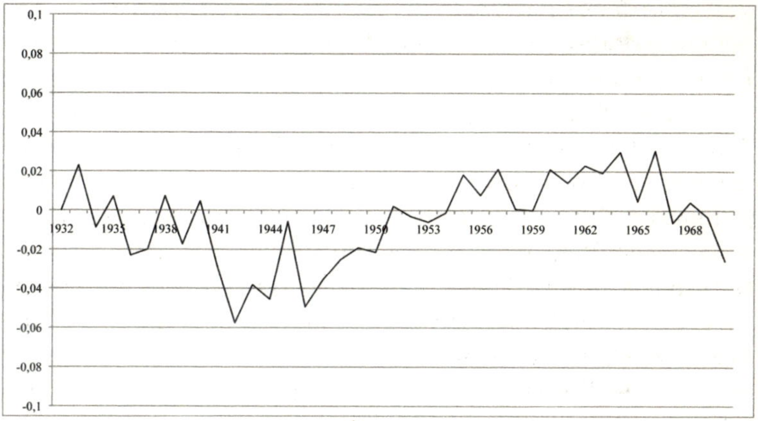

Note : le graphique reproduit l'évolution des probabilités de déclassement intergénérationnel pour chacune des cohortes d'enfants de classes moyennes nées entre 1932 et 1970 (où 1932 est pris comme cohorte de référence). Les probabilités sont estimées à l'aide d'un modèle linéaire neutralisant les effets d'âge.

Lecture : parmi les enfants issus d'une famille de classe moyenne, la probabilité de déclassement intergénérationnel diminue de 6 points entre la cohorte née en 1932 et celle née en 1942 ; elle augmente ensuite de 8 points jusqu'à la cohorte née en 1955, pour se stabiliser et diminuer de 4 points entre les cohortes nées en 1964 et 1970.

déclassement quand il n'y a simplement, dans la société, qu'une hausse de la part des personnes issues des classes supérieures et des classes moyennes [1].

Les places et les rangs

Jusqu'à présent, nous avons jugé du déclassement intergénérationnel en comparant terme à terme la situation professionnelle des parents avec celle des enfants, mais sans tenir compte du fait qu'une même profession pouvait correspondre à un rang social différent dans la génération des parents et dans celle des enfants. Avec l'expansion du groupe des cadres, les personnes exerçant aujourd'hui la profession de technicien ou de contremaître peuvent s'estimer déclassées par rapport à leurs parents, même si ces derniers exerçaient (au moins nominalement) le même métier. De façon générale, la modernisation de l'économie et l'évolution de la société tendent à éroder la situation relative de ceux qui reproduisent la situation de leurs parents : quand tout avance, les immobiles reculent. Ce processus engendre une forme rampante de déclassement dans l'ensemble des groupes sociaux, que ne prend pas en compte l'approche classique du déclassement intergénérationnel. En fait, la question est de savoir si cette forme de déclassement est plus marquée aujourd'hui pour les enfants des classes moyennes que pour les enfants des autres milieux sociaux.

1. Le déclassement intergénérationnel n'est qu'un flux particulier parmi l'ensemble des flux de mobilité sociale parents-enfants, et il a été établi depuis longtemps que ces flux évoluent essentiellement en réponse aux modifications de la structure sociale. Voir Louis-André Vallet, « Quarante années de mobilité sociale en France », *Revue française de sociologie*, XL, n° 1, 1999 ; Dominique Goux et Éric Maurin, *La Mobilité sociale en France*, INSEE, 1996 ; et Dominique Goux et Éric Maurin, « Meritocracy and Social Heredity in France : Some Aspects and Trends », *European Sociological Review*, 13 (2), 1997.

Pour éclairer cette question, nous nous sommes intéressés non plus aux professions exercées par les enfants des différents milieux sociaux, mais au rang de leurs professions dans la hiérarchie de prestige social propre à chaque génération[1]. Nous avons ainsi calculé, pour chaque milieu d'origine et chaque génération de descendants, le rang moyen des professions occupées, en nous focalisant sur les mêmes générations (nées entre 1952 et 1970) et la même tranche d'âge (30-39 ans) que précédemment. Par exemple, en se ramenant à une échelle de prestige social allant de 1 à 100, les enfants de cadres nés en 1952 se situent en moyenne au rang 25 au sein de leur génération (sur 100 personnes de leur génération, en moyenne, 25 seulement ont une situation professionnelle plus enviée que la leur) ; les enfants des classes moyennes nés la même année se situent au rang 40 et les enfants d'ouvriers au rang 58, soit, sans surprise, une hiérarchisation des statuts sociaux des enfants très étroitement corrélée avec celle des parents.

Sans surprise également, chacun des groupes sociaux a vu le rang social moyen de ses descendants s'éroder au fil du temps, au fur et à mesure que les emplois les plus convoités (cadres du privé notamment) se multipliaient et que les emplois les moins valorisés se réduisaient (ouvriers non qualifiés par exemple). Mais ce tassement général est finalement de très faible ampleur, notamment pour les enfants des classes moyennes : ces derniers se situent au rang 43 s'ils sont nés en 1970, soit à peu près le même rang moyen que celui qu'ils occupaient vingt ans plus tôt. En fait, les enfants des classes moyennes sont même en léger progrès par rapport aux descendants des catégories supérieures, puisque ceux-ci n'occupent plus que le rang 30 au sein de la génération 1970, soit un écart de rang moyen entre enfants des

1. C'est la même échelle de prestige professionnel que celle utilisée dans les chapitres précédents. Pour une présentation détaillée, voir Christine Chambaz, Éric Maurin et Constance Torelli, « L'évaluation sociale des professions en France », art. cit.

classes supérieures et enfants des classes moyennes plus faible au sein de la cohorte ayant eu 30 ans en 2000 (+10) qu'au sein de la cohorte ayant atteint le même âge en 1982 (+13).

Tout au long de ces années, les enfants des classes moyennes ont réussi à maintenir leur position sociale en dépit de la concurrence d'un nombre accru d'enfants de cadres, *a priori* mieux armés qu'eux. Leurs familles ont su, mieux que les autres, rester le support de mobilités ascendantes, notamment durant la période d'ouverture de l'enseignement supérieur. De même que l'on observe un *statu quo* des classements scolaires en dépit de réformes du système éducatif, de même on constate un *statu quo* des classements dans la hiérarchie sociale, en dépit de l'évolution de la structure des emplois. Dans un domaine comme dans l'autre, le surcroît de mobilisation des familles des classes moyennes a fini par neutraliser la pression « déclassante » qu'exercent mécaniquement sur le destin de leurs enfants les transformations de l'école et de l'économie.

S'élever socialement ou « jouer à domicile »

En adaptant et en renouvelant continuellement leurs stratégies personnelles, les familles des classes moyennes ont permis à leurs enfants de garder leur position non seulement dans les hiérarchies scolaires, mais aussi, par la suite, dans les hiérarchies sociales, les perspectives d'ascension sociale finissant même par s'accroître au détriment du risque de déclassement intergénérationnel. Les bonnes performances des enfants des classes moyennes sont d'autant plus remarquables qu'elles ne découlent pas mécaniquement de la qualité de leurs performances scolaires. Bien sûr, dans une société telle que la nôtre, il est crucial de ne pas reculer dans la hiérarchie scolaire, mais cela n'est pas suffisant : les diplômes ont un rôle absolument décisif en début de carrière, mais, par la suite, les réseaux familiaux conservent leur importance et impriment leur marque sur les destins de chacun. Il est manifeste que – même dans une économie très développée comme celle de la France – la force émancipatrice de l'éducation reste obscurément contenue et limitée par un penchant général à la reproduction sociale, au terme duquel chacun tend à rester dans le milieu de son enfance plutôt que de faire carrière n'importe où ailleurs dans l'espace social[1].

Ce tropisme pour le milieu social d'origine traduit sans doute le fait que chacun d'entre nous hérite d'atouts spécifiques pour y réussir particulièrement (ou pour s'y sentir moins en difficulté qu'ailleurs). Il y a aussi le fait que la mobilité sociale est toujours potentiellement une épreuve, impliquant des coûts de toute nature, à commencer par le risque de se retrouver en concurrence avec des personnes pas plus qualifiées que nous, mais « jouant à domicile », sur le terrain social de leur enfance[2]. Les données les plus récentes confirment la persistance de cette tendance à l'immobilité sociale dans notre société, tendance à laquelle la diffusion de l'éducation dans tous les milieux sociaux n'a rien pu changer.

L'avantage dont bénéficient les stratégies de reproduction sociale a au moins une conséquence : les enfants des classes moyennes sont désavantagés par rapport aux enfants des classes supérieures, non seulement pour l'accès aux filières d'élite du système scolaire, mais aussi, à diplôme donné, pour l'accès aux emplois les plus convoités de la fonction publique ou des entreprises. Avoir des parents cadres plutôt que de professions

1. Voir par exemple Dominique Goux et Éric Maurin, « Destinée sociale : le rôle de l'école et du milieu d'origine », *Économie et Statistique*, n° 306, 1997. Pour une mesure plus ancienne, voir Claude Thélot, *Tel père tel fils ?*, Paris, Dunod, 1982.

2. Sur ce point, voir la thèse de Jules Naudet, *Analyse comparée de l'expérience de la mobilité sociale ascendante intergénérationnelle aux États-Unis, en France et en Inde*, Paris, Mimeo, Observatoire sociologique du changement, 2010.

intermédiaires confère des atouts spécifiques : un enfant de cadre échouant dans le supérieur après son bac garde par la suite à peu près autant de chances de devenir cadre qu'un enfant de profession intermédiaire ayant quant à lui décroché un diplôme du supérieur.

Le désavantage des diplômés issus des classes moyennes n'a pas partout la même ampleur. Il tend par exemple à être plus important dans le secteur privé que dans la fonction publique, où les procédures d'embauches et de promotions sont plus formalisées et où les salariés sont statutairement protégés contre le chômage et la précarité. Dans le privé, les enfants des classes moyennes sont dépourvus des filets de sécurité familiaux et sociaux que les enfants des catégories supérieures peuvent mobiliser en cas de difficulté. Conséquence logique de cet état de fait, les enfants des classes moyennes ont aujourd'hui une prédilection toute particulière pour les concours de la fonction publique. À niveau de diplôme donné, les enfants de professions intermédiaires choisissent la fonction publique plus souvent que les enfants de cadres, fût-ce au prix d'emplois moins qualifiés (en début de carrière) que ceux auxquels ils auraient pu prétendre dans le privé.

Nous évoluons depuis plus de trente ans dans un contexte de croissance faible, scandé par une succession de périodes d'expansion et de phases de récession. Il en résulte une incertitude larvée pesant sur la pérennité des emplois du secteur privé (y compris les plus qualifiés), et là se trouve peut-être l'un des traits les plus idiosyncrasiques de notre époque : l'idée que, dans le privé, personne n'est à l'abri, même armé d'un diplôme du supérieur. Dans ce contexte très anxiogène, les emplois du public (et, à un moindre degré, des grandes entreprises à statut) représentent un refuge, notamment pour les personnes issues des classes moyennes, convaincues qu'un diplôme n'est plus en lui-même une protection suffisante, sauf à l'avoir converti en un statut protégé.

Dans le champ social comme dans le champ scolaire, le destin des groupes sociaux n'est jamais tout entier contenu dans les contraintes historiques et politiques qui s'imposent à eux. Il s'écrit plutôt comme une continuelle adaptation à ces contraintes, une lutte pour en comprendre les nouveautés et en déjouer les pièges.

CHAPITRE 5

Les classes moyennes et le territoire*

Depuis la fin des années 1990, la flambée des prix de l'immobilier nourrit le sentiment que seuls les plus riches ont la capacité de se loger décemment et d'échapper aux incertitudes d'un espace urbain gangrené par la pauvreté et la précarité. Le territoire est l'enjeu d'une compétition perçue comme plus coûteuse et plus inégale que jamais. Qu'en est-il exactement ? Le « malaise des classes moyennes » est souvent attribué au fait qu'elles subiraient un irrémédiable déclassement résidentiel, chassées des centres-villes par les classes supérieures, menacées par la proximité grandissante des cités HLM, incapables d'acquérir un patrimoine immobilier. Le problème fondamental serait la mixité que le marché du logement impose aux classes moyennes, mixité dont elles ont peur et dont elles ne veulent pas.

Pour éprouver la réalité de ce phénomène et en prendre la mesure, nous avons eu recours à une base de données inédite

* Ce chapitre a été écrit avec la collaboration de Nina Guyon, chercheuse associée à Sciences Po-LIEPP et doctorante à l'École d'économie de Paris.

retraçant, de 2001 à 2010, la répartition de l'ensemble des ménages à travers le maillage des zones cadastrales du territoire. Une section du cadastre correspond à un quartier d'en moyenne quelques centaines de logements[1]. Dans chaque zone, nous connaissons le revenu avant impôt de chaque ménage, ainsi que sa composition exacte (nombre d'adultes et d'enfants). Cette mine d'informations permet d'analyser avec une grande précision le lien existant entre le niveau de richesse d'un ménage et celui des ménages résidant dans son voisinage proche, ainsi que la façon dont ce lien a évolué au fil de la dernière décennie, au fur et à mesure que le marché du logement se tendait. Surtout, en suivant les mêmes logements au cours du temps, il nous est possible d'identifier, au sein de chaque groupe social, la proportion de familles dont l'environnement social se dégrade au fil des départs et des arrivées de nouveaux voisins. Ce faisant, nous sommes en mesure de jeter une lumière nouvelle sur une forme fondamentale de « déclassement territorial » : le déclassement subi par ceux qui n'ont pas les moyens de quitter un environnement résidentiel jugé en déclin.

De façon générale, cette enquête confirme l'extraordinaire capacité des familles des classes moyennes à se mobiliser contre toute forme de relégation territoriale et à garder leur position, quel qu'en soit le coût. La décennie récente est à cet égard un cas d'école : plus les conditions se durcissent, plus les classes moyennes sont capables de se mobiliser et de faire face. Le quartier de résidence est l'une des dimensions les plus importantes du

1. Les données utilisées sont issues de la base « CGDD-SOeS Filocom » (fichier des logements par communes) établie par la Direction générale des impôts pour les besoins du ministère de l'Équipement. Les résultats présentés ici ont été obtenus dans le cadre d'un accueil temporaire au Service de l'observation et des statistiques (SOeS) du Commissariat général au développement durable (CGDD). Le nombre de logements au sein d'une zone cadastrale augmente avec la densité de population. On compte environ 900 logements par zone cadastrale dans Paris *intra muros*, entre 400 à 500 dans la petite couronne et de 200 à 300 dans la grande couronne.

statut social : c'est l'endroit où l'on retrouve les siens, où grandissent les enfants et où ils vont à l'école. Il représente un enjeu fondamental : les classes moyennes n'ont rien lâché dans la compétition pour habiter les quartiers jugés les plus sûrs, les mieux fréquentés et les plus porteurs pour les enfants.

En préalable à ce travail, soulignons que, pour tenir compte des particularités de l'immobilier francilien, nos analyses ont été menées séparément sur l'Île-de-France, d'une part, et le reste du pays, d'autre part. En réalité, les constats sont qualitativement similaires dans les deux zones, même si les contrastes territoriaux tendent à être beaucoup plus marqués en Île-de-France (où les inégalités de revenus entre ménages sont également plus fortes). Par souci de simplicité, nous illustrerons l'essentiel des raisonnements qui suivent à partir de données franciliennes.

Notons enfin que la base de données utilisée dans ce chapitre ne comporte d'indications que sur le revenu des ménages, et pas sur la profession de leurs membres. C'est pourquoi, dans la suite de cette analyse, notre définition des différentes classes sociales s'appuiera non plus sur la catégorie socioprofessionnelle, mais sur le niveau de ressources des ménages (mesuré par le revenu par équivalent adulte) : nous désignerons comme « riches » les ménages dont les ressources sont dans les 25 % les plus élevées, comme « pauvres » ceux dont les ressources sont dans les 25 % les plus faibles et, entre les deux, nous désignerons comme « classes moyennes supérieures » les ménages situés entre les 50 % et les 25 % les plus riches (le quart juste au-dessus de la médiane) et comme « classes moyennes inférieures » les ménages entre les 50 % et les 25 % les plus pauvres (le quart juste au-dessous de la médiane). Pour affiner certaines analyses, nous distinguerons comme « très riches » les ménages appartenant aux 5 % les plus aisés, et comme « très pauvres » les 5 % les plus pauvres.

Lorsque l'on adopte ces conventions et que l'on se concentre sur l'Île-de-France, on constate que les classes moyennes (supérieures et inférieures) recouvrent les 50 % de la population dont les revenus par unité de consommation se situent, à la fin des années 2000, entre 14 000 euros et 33 000 euros par an, soit une définition nettement plus large des classes moyennes que celle adoptée jusqu'à présent. Dans cette approche, les « classes moyennes inférieures » se situent entre 14 000 et 22 000 euros par unité de consommation et incluent *a priori* des pans entiers de la classe ouvrière[1] (dont le revenu par unité de consommation médian se situe aux alentours de 18 000 euros par an). D'un point de vue sociologique, il ne serait pas illégitime d'adopter le label « classes modestes actives » (plutôt que « classes moyennes inférieures ») pour ces familles situées au-dessous de la médiane des niveaux de vie, et de réserver le nom de « classes moyennes » tout court aux seules familles situées au-dessus de la médiane.

Classes moyennes et ségrégation urbaine

En premier lieu, les données disponibles permettent une quantification précise du lien existant entre les ressources d'un ménage et la richesse des autres ménages résidant dans la même zone cadastrale. Si l'on considère les ménages « riches » (parmi les 25 % les plus riches), on note qu'ils résident en 2010 dans des zones du cadastre où la proportion de voisins « riches » est en moyenne 1,9 fois plus importante que la proportion de voisins

1. En dehors de l'Île-de-France, la médiane des revenus est d'environ 18 000 euros par unité de consommation (et non pas 22 000). Le seuil entre « riches » et « classes moyennes supérieures » se situe à 25 000 euros (et non pas 33 000) et le seuil entre « classes moyennes inférieures » et « pauvres » se situe à 12 000 euros (et non pas 14 000). Quand, par la suite, nous observerons des contrastes territoriaux plutôt moins forts hors Île-de-France qu'en Île-de-France, il faudra se souvenir que les différences de niveaux de vie y sont aussi moins marquées (les riches sont beaucoup moins riches, mais les pauvres un peu moins pauvres seulement).

« pauvres » (parmi les 25 % les plus pauvres), alors qu'en l'absence de toute ségrégation les deux proportions devraient être égales. Un cran plus haut dans la hiérarchie de la richesse, les ménages « très riches » (parmi les 5 % les plus riches) vivent dans des zones où les « riches » sont près de 2,7 fois plus nombreux que les « pauvres » (et les « très riches » 3,5 fois plus nombreux que les « très pauvres »). À l'autre bout de l'échelle sociale, la situation est inversée : les ménages « pauvres » vivent en moyenne dans des zones où les « pauvres » sont près de 1,8 fois plus nombreux que les « riches »[1].

Rien de surprenant dans ce premier constat : de quelque façon que l'on prenne le problème, la base de données cadastrales confirme que, selon qu'ils sont pauvres ou riches (voire très pauvres ou très riches), les membres de notre société vivent dans des quartiers très différents. Le débat public se focalise traditionnellement sur ce double phénomène (le séparatisme résidentiel des riches, d'une part, et la relégation urbaine des pauvres, d'autre part), sans doute parce qu'il représente les manifestations les plus visibles et les plus spectaculaires des inégalités territoriales[2]. L'idée est parfois avancée que les clivages territoriaux sont en fait beaucoup moins tranchés à l'intérieur des classes moyennes qu'aux extrémités de la société, ce qui refléterait, dit-on, la plus grande tolérance des groupes sociaux intermédiaires pour la mixité sociale. Quand on l'analyse rigoureusement, la réalité sociale est un peu moins souriante :

1. Ces mesures des inégalités de voisinage dépendent du découpage territorial retenu et tendraient à être plus fortes encore si nous raisonnions sur des voisinages plus petits et des voisins plus proches. Plus que la mesure elle-même, c'est la façon dont elle varie entre le haut et le bas de la société (ou au fil du temps) qui est porteuse de sens.

2. Plusieurs livres et études récents ont toutefois cherché à élargir le débat. Voir par exemple Christophe Guiluy et Christian Noyé, *Atlas des nouvelles fractures sociales en France. Les classes moyennes oubliées et précarisées*, Paris, Autrement, 2004, ainsi que la synthèse proposée par Anne Wyvekens, « La ville et le lien social, lieux de résidence et appartenances sociales », *Cahiers français*, n° 328, 2005.

les distances territoriales sont certes plus marquées entre les ménages les plus riches et les classes moyennes qu'au sein des classes moyennes elles-mêmes, mais elles sont aussi nettes *au sein des classes moyennes* qu'entre les classes moyennes inférieures et les plus pauvres. En d'autres termes, chacun met « son pauvre » à distance : les différentes fractions des classes moyennes ne font pas exception, chacune à hauteur de ses capacités financières.

Si l'on considère les « classes moyennes supérieures » (le quart juste au-dessus de la médiane), leurs membres résident en 2010 dans des zones cadastrales où la proportion de voisins « riches » excède de 13 % la proportion de voisins « pauvres ». Si l'on se tourne vers les « classes moyennes inférieures » (le quart juste au-dessous de la médiane), c'est le contraire : elles résident dans des zones cadastrales où la proportion de voisins « riches » est près de 21 % plus faible que celle de voisins « pauvres ». Au total, le ratio voisins riches/voisins pauvres est environ 43 % plus élevé au voisinage des résidences des familles des classes moyennes supérieures qu'au voisinage des familles des classes moyennes inférieures[1]. Un calcul similaire révèle que ce même ratio est 40 % plus élevé au voisinage des familles des classes moyennes inférieures qu'au voisinage des familles les plus pauvres. Ainsi, en s'en tenant à ce critère simple du rapport entre le nombre de « riches » et de « pauvres » dans le quartier, il n'y a pas moins d'écart entre les quartiers des classes moyennes supérieures et les quartiers des classes moyennes inférieures qu'entre les quartiers des classes moyennes inférieures et les quartiers des pauvres. Nous serions parvenus au même constat si nous avions utilisé le ratio du nombre de « très riches » sur le nombre de « très pauvres » pour caractériser l'opulence du voisinage.

Les clivages territoriaux sont donc perceptibles à tous les échelons de la société, et pas seulement à ses extrémités. Le

1. Pour obtenir cette évaluation à partir des deux chiffres précédents, il suffit de calculer le ratio (1+0,13)/(1-0,21) = 1,43.

séparatisme n'est pas l'apanage des ménages les plus riches ; ils ont simplement davantage de ressources pour le mettre en œuvre plus complètement. La principale motivation des classes moyennes inférieures qui grèvent leur budget pour quitter les zones d'habitat collectif et s'installer dans des quartiers pavillonnaires périurbains est de mettre l'univers de la cité à distance et d'assurer la scolarité la plus sûre aux enfants[1].

Un diagnostic similaire émerge de l'analyse de la composition socioprofessionnelle des micro-quartiers de l'enquête Emploi de l'INSEE[2] : il y a autant de distance sociale entre les micro-quartiers où résident les cadres et ceux où vivent les professions intermédiaires qu'entre les micro-quartiers où vivent les professions intermédiaires et ceux où résident les ouvriers. En 2002, les familles des classes moyennes (professions intermédiaires ou artisans-commerçants) vivaient dans des micro-quartiers où la proportion de voisins cadres était en moyenne deux fois plus faible que celle existant dans les quartiers où résident les familles de cadres elles-mêmes[3] ; mais elle était près de deux fois plus forte que celle observée dans les quartiers où habitent les familles d'ouvriers. En d'autres termes, plus le statut socioprofessionnel d'un ménage est élevé, plus

1. Sur ce point, voir Marie Cartier, Isabelle Coutant, Olivier Masclet et Yasmine Siblot, *La France des « petits-moyens »,* Paris, La Découverte, 2008. Le lien entre choix résidentiel et scolarité a été étudié dans de nombreux ouvrages, par exemple Agnès Van Zanten, *Choisir son école,* Paris, PUF, 2009, ou Marco Oberti, *L'École dans la ville*, Paris, Presses de Sciences Po, 2007.

2. Les voisinages observés dans l'enquête Emploi comptent quelques dizaines de logements seulement. Ils ont le grand intérêt de permettre une description fine des évolutions du voisinage proche, telles qu'elles sont directement perçues par les habitants. Une analyse comparée des données cadastrales et des données de l'enquête Emploi sur la ségrégation aurait dépassé le cadre de ce livre. Pour une présentation plus complète des données de l'enquête Emploi, voir Éric Maurin, *Le Ghetto français*, Paris, Seuil/La République des Idées, 2004.

3. La profondeur des clivages territoriaux entre cadres et professions intermédiaires représente une autre raison pour laquelle il ne paraît pas très pertinent d'agréger les deux catégories en un même groupe social.

son voisinage se vide de ses classes populaires et se remplit de cadres.

Quelles que soient les sources et les conventions de mesure adoptées, le constat reste le même : le problème de la ségrégation ne se résume pas à la sécession de quelques enclaves d'ultra-riches dans les centres-villes et à la dérive de quelques ghettos de pauvres dans les banlieues abandonnées. Le territoire tout entier s'organise comme une mosaïque où chacun réside au voisinage de personnes d'autant plus riches qu'il a lui-même des ressources importantes.

Le *statu quo* résidentiel

La ségrégation et le séparatisme social traversent l'ensemble de la société, pas simplement ses marges. Mais tout n'est-il pas en train de voler en éclats ? Entre la fin des années 1990 et la fin des années 2000, les prix du logement ont progressé en France au rythme inédit de 9 % par an (en euros constants), soit deux fois plus vite que le revenu disponible des ménages et six fois plus vite que les prix à la consommation [1]. Face à une telle flambée, l'équilibre territorial ancien n'est-il pas en train de se rompre, au profit d'une polarisation beaucoup plus brutale entre, d'un côté, quelques îlots de riches et, de l'autre, un marais de quartiers appauvris, au sein desquels les classes moyennes ne peuvent plus éviter la proximité des classes populaires ? Qui, serait-on tenté de dire, peut encore se payer le luxe de choisir ses voisins ?

Notre base de données représente un excellent observatoire pour éclairer cette question : elle permet de comparer les voisins des différentes classes sociales au début et à la fin

1. Pour une analyse de ce phénomène, voir Alain Jacquot, « La crise du logement résulte-t-elle d'une offre quantitativement insuffisante ? », *in* Jacques Mistral (dir.), *Loger les classes moyennes*, rapport du Conseil d'analyse économique, 2009.

des années 2000, en utilisant des mesures parfaitement homogènes dans le temps[1]. De façon assez remarquable, on ne relève aucune aggravation de la ségrégation territoriale, aucune accélération de la sécession territoriale des ménages les plus riches, pas davantage qu'une relégation des ménages de classes moyennes vers des voisinages déshérités (voir tableau 1). En 2001 comme en 2010, les familles des classes moyennes inférieures résident dans des quartiers au sein desquels le ratio nombre de voisins riches/nombre de voisins pauvres excède de près de 40 % le ratio observé dans le voisinage des familles pauvres : aucune évolution significative n'est repérable au fil du temps. Au cours de la même décennie, les écarts entre les quartiers où résident les familles les plus aisées et ceux où résident les familles des classes moyennes supérieures n'ont, eux non plus, quasiment pas varié. Les distances territoriales entre classes supérieures et classes moyennes n'ont pas plus évolué que celles existant entre classes moyennes et classes modestes.

Finalement, les différentes classes sociales semblent comme figées dans un irréductible *statu quo* résidentiel, chacune à l'écart des autres, y compris dans des périodes aussi chahutées que celles que nous venons de traverser. Pour autant, leurs membres continuent de changer de résidence : chaque année, environ 10 % des ménages quittent leur logement pour un autre, et cet ordre de grandeur n'a guère évolué depuis plusieurs

1. S'agissant de mesurer l'évolution de la ségrégation, la question se pose de savoir s'il existe un niveau d'observation du territoire meilleur qu'un autre (voir par exemple Edmond Preteceille, « La ségrégation sociale a-t-elle augmenté ? », *Sociétés contemporaines*, n° 62, 2006). S'il faut choisir, il est *a priori* préférable d'observer les plus petits voisinages possibles. En effet, plus les voisinages sont grands, plus le risque existe de considérer comme stables des situations où la ségrégation intra-quartier est en réalité en train d'évoluer, selon des logiques urbaines dont les études ethnographiques disponibles nous montrent l'importance (voir Didier Lapeyronnie, *Le Ghetto urbain*, Paris, Robert Laffont, 2008). Que de telles évolutions intra-quartiers existent ou non, on ne perd rien à mesurer les évolutions sur le niveau le plus désagrégé possible, c'est-à-dire sans rien postuler *a priori* sur le bon degré d'agrégation.

Tableau 1

La composition du voisinage et son évolution selon la catégorie sociale du ménage

Île-de-France	Ratio nombre de riches/nombre de pauvres dans le voisinage		
Catégorie sociale	2001	2005	2010
Riches	1,86	1,92	1,90
Classes moyennes supérieures	1,12	1,14	1,13
Classes moyennes inférieures	0,81	0,81	0,79
Pauvres	0,58	0,55	0,57
Hors Île-de-France	**Ratio nombre de riches/nombre de pauvres dans le voisinage**		
Catégorie sociale	2001	2005	2010
Riches	1,52	1,52	1,52
Classes moyennes supérieures	1,11	1,11	1,11
Classes moyennes inférieures	0,88	0,89	0,89
Pauvres	0,67	0,67	0,67

Source : base « CGDD-SOeS Filocom ».

Note : dans chacune des deux grandes régions, les « riches » correspondent aux ménages situés parmi les 25 % les plus fortunés en terme de revenu par unité de consommation, les « pauvres » aux 25 % les moins fortunés, tandis que les classes moyennes supérieures (inférieures) sont situées entre les 25 % les plus fortunés et la médiane (la médiane et les 25 % les moins fortunés).

Lecture : en 2010, en Île-de-France, les ménages « riches » résident dans des zones cadastrales où l'on compte 1,9 fois plus de « riches » que de « pauvres ». En l'absence de ségrégation urbaine, il y aurait autant de « riches » que de « pauvres ».

années[1]. Cette persistance des mobilités est d'autant plus remarquable que la hausse des prix du logement les a rendues plus coûteuses, notamment pour tous ceux qui ne sont pas déjà propriétaires d'un logement. Les conditions ont beau être de plus en plus difficiles, les quartiers restent le théâtre d'un continuel renouvellement de leurs habitants, et le fait que les plus riches cohabitent si peu avec les classes moyennes (et les classes moyennes si peu avec les pauvres) doit bel et bien s'interpréter comme une prédilection sans cesse réaffirmée pour les quartiers les plus sûrs.

Déménagements et promotions résidentielles

Vu de haut, le territoire apparaît comme une mosaïque quasi immuable de quartiers dont la sociologie et les contrastes ne changent que très lentement. Vu de près, c'est tout le contraire : ce même territoire vibre d'incessants mouvements de départs et d'arrivées, de continuels allers et retours. Pour les classes sociales envisagées comme groupe, c'est l'immobilité qui domine. Pour les individus, au sein des groupes sociaux, c'est l'inverse : un flux ininterrompu d'avancées et de reculs, de promotions et de déclassements individuels.

S'agissant du déclassement (entendu au sens résidentiel), il peut survenir à l'occasion d'un déménagement, par exemple lorsqu'on quitte un quartier chic et cher pour un logement plus spacieux dans un quartier beaucoup moins coté. C'est le déclassement comme « exil ». Un déclassement est aussi susceptible

1. Voir Jean-Louis Pan Ké Shon et Nathalie Donzeau, « L'évolution de la mobilité résidentielle en France entre 1973 et 2006 : nouvelles estimations », *Population*, 64 (4), 2009. Dans notre propre base de données cadastrales, les proportions de ménages venant d'emménager ne varient guère dans le temps (le taux de mobilité se situe aux alentours de 12 %).

d'atteindre ceux qui ne déménagent pas, mais dont le quartier peu à peu se dégrade, au fil des départs et des arrivées de nouveaux voisins moins riches. C'est le déclassement par « dépossession » ou « envahissement », pour reprendre les termes – à connotation souvent xénophobe – qui émergent dans les enquêtes ethnographiques. Il n'est pas indifférent que la société comprenne une certaine proportion de personnes qui se sentent « exilées » ou « envahies ». Un déclassé « exilé » a toute chance d'éprouver un sentiment d'échec personnel, alors qu'un déclassé « dépossédé » est davantage susceptible de nourrir du ressentiment contre les « envahisseurs » et contre la société qui les tolère.

Le même raisonnement vaut pour les promotions résidentielles, qui peuvent survenir à l'occasion d'un déménagement (c'est l'« exil doré ») ou à l'occasion du renouvellement du quartier (selon un phénomène d'embourgeoisement). Aussi curieux que cela puisse paraître, on sait aujourd'hui peu de chose sur ces phénomènes, sur la fréquence et la nature des déclassements et des promotions individuelles, sur la façon dont ils se distribuent entre les groupes sociaux et au cours du temps. De quels flux de déclassements et de reclassements la répartition territoriale des groupes sociaux – en apparence si stable – est-elle la résultante ? Le territoire français repose sur une véritable tectonique sociale.

Pour éclairer ces questions, les données cadastrales à notre disposition fournissent une information particulièrement originale. Elles permettent en effet de construire des panels de logements avec, pour chacun d'eux (et à chaque date), une indication sur l'ancienneté des résidents. Cette base de données permet de comparer, pour chaque période et pour chaque groupe social, les quartiers dans lesquels s'installent les ménages avec les quartiers où ils résidaient avant de déménager[1]. Ce travail révèle

1. Il faut toutefois souligner que les données ne permettent pas de former un panel de ménages : il est possible de suivre les logements d'une année sur l'autre,

que les déménagements sont associés non pas à des déclassements, mais à des *promotions résidentielles*, notamment pour les classes modestes et les classes moyennes. Par exemple, pour les ménages de classes moyennes supérieures ayant déménagé entre 2007 et 2009, le ratio du nombre de voisins riches sur le nombre de voisins pauvres dans le quartier est 13 % plus élevé après déménagement qu'avant déménagement. Au sein des classes moyennes inférieures, l'impact des déménagements sur la composition sociale du voisinage est plus élevé encore, avec un accroissement de près de 18 % du ratio riches/pauvres après le déménagement.

Les déménagements apparaissent donc comme le moment où les ménages parviennent à progresser dans la hiérarchie territoriale ou, au minimum (pour les plus riches), à ne pas déchoir. En comparant les mobilités du début et de la fin des années 2000, on ne constate aucun essoufflement de ce phénomène, notamment pour les classes moyennes. Les déménagements deviennent sans doute plus coûteux et difficiles au fil du temps, mais ils correspondent à un progrès dans l'espace résidentiel. Changer de résidence est ici une manière de lutter contre le risque de déclassement.

Déclassement résidentiel et « dépossession » territoriale

Le déclassement résidentiel n'atteint pas tant les ménages qui changent de résidence que ceux qui ne peuvent (ou ne veulent) quitter les quartiers en déclin, le « déclin » étant ici mesuré par la proximité de milieux plus pauvres. Si l'on considère,

mais pas les ménages. On ne peut donc pas savoir où s'installe chaque ménage qui déménage, mais on peut tout de même comparer, pour chaque classe de revenus, les quartiers d'où sont partis en moyenne les ménages et ceux où ils se sont installés.

en 2010, la situation des ménages installés depuis dix ans dans leur logement, on constate qu'une bonne moitié d'entre eux (55 %) ont subi une progressive détérioration de leur environnement social et vivent dans un quartier où le rapport du nombre de voisins riches sur le nombre de voisins pauvres n'a cessé de diminuer[1]. La proportion de ménages subissant une baisse de la « qualité » sociale de leur voisinage est plus forte pour les ménages initialement les plus pauvres (62 %) ou issus des classes moyennes inférieures (57 %) que pour les ménages les plus riches (47 %) ou issus des classes moyennes supérieures (52 %). Les quartiers où s'installent les classes moyennes sont non seulement moins riches que ceux où s'installent les classes supérieures, mais ils sont également davantage exposés au déclin. En matière résidentielle comme en matière d'emploi ou de qualifications, le patrimoine des classes moyennes n'est pas simplement plus faible ; il est aussi plus précaire et menacé. Quand on analyse séparément la première et la seconde moitié de la décennie 2000, on ne constate toutefois qu'une légère augmentation de l'exposition des classes moyennes au déclassement résidentiel de leur quartier, tandis que l'exposition au déclassement des ménages les plus riches augmente très nettement (deux fois plus que pour les classes moyennes) dans les années qui entourent la crise financière de 2008.

En fin de compte, le territoire apparaît comme un patchwork de quartiers en déclin et en ascension, entre lesquels les ménages se déplacent sans cesse, les uns pour accélérer leur promotion résidentielle, les autres pour éviter de fréquenter de nouveaux voisins jugés inadéquats. Proposer un modèle cohérent

1. La fréquence de cette forme de déclassement résidentiel n'est globalement pas moins forte hors Île-de-France (58 % pour les ménages observés sur 2000-2010) qu'en Île-de-France. Les écarts d'exposition à cette forme de déclassement entre les riches, les pauvres ou les classes moyennes sont toutefois moins forts hors Île-de-France qu'en Île-de-France. Cela reflète sans doute le fait que les inégalités de revenus entre ces grandes classes sociales sont également plus faibles hors Île-de-France.

de ce chassé-croisé – avec ses déclassements et ses reclassements incessants – représenterait une tâche extrêmement complexe, qui dépasserait de beaucoup les limites de cet ouvrage. De nos analyses, il ressort toutefois sans ambiguïté que les classes moyennes, en tant que groupe, n'ont collectivement pas décroché au fil de la décennie écoulée. Il n'en reste pas moins que coexistent, en leur sein et à chaque période, un nombre important de familles « exilées » en ascension, ainsi qu'un nombre tout aussi important de familles en voie de déclassement, qui ne peuvent ou ne veulent quitter un quartier en déclin.

Un récent ouvrage consacré au quartier des Peupliers à Gonesse, dans la région parisienne, arrive par d'autres voies à un constat similaire[1] : ce quartier d'environ 1 500 logements pour 3 000 habitants (soit à peu près un îlot du recensement) est en réalité une mosaïque agrégeant plusieurs générations de constructions immobilières (étalées sur plus de soixante-dix ans), où cohabitent de nouveaux arrivants issus de classes populaires en ascension et d'anciens résidents des classes moyennes en déclin. Quand on interroge les habitants les plus anciens du quartier des Peupliers à Gonesse, ce qu'ils perçoivent comme un âge d'or est en réalité une époque lointaine où régnait l'« égalité » dans le voisinage, c'est-à-dire une grande homogénéité en termes d'origine sociale (rurale) et de position dans la hiérarchie sociale (petites classes moyennes). Pour ces survivants des temps héroïques, les problèmes sont nés du renouvellement du quartier au fil des départs et des arrivées. Au fur et à mesure qu'elles vieillissent dans le quartier, ces familles des classes moyennes inférieures perçoivent comme un douloureux déclassement de voir se substituer des familles de classes populaires en ascension (les arrivants, en provenance des cités voisines) à des familles de classes moyennes elles-mêmes en ascension (les partants). Plus que tout, c'est l'arrivée récente d'immigrés turcs qui semble

1. Voir Marie Cartier *et al.*, *La France des « petits-moyens »*, *op. cit.*

préfigurer le déclin : le fait que les classes populaires soient en même temps immigrées renforce, aux yeux des habitants, le caractère inadéquat – et pénalisant pour le quartier – de la mixité sociale.

La propriété du logement

Pendant que les prix du logement s'envolaient, les loyers ont connu des progressions certes plus rapides que les prix à la consommation, mais plus lentes que les revenus. Dans ce contexte, il est bien évident que nombre de familles de classes moyennes ont été placées devant des choix difficiles, par exemple celui de renoncer au statut de propriétaire (et rester locataire) pour éviter d'avoir à s'exiler dans un quartier périphérique. Comme le rappelle opportunément un récent rapport du CREDOC, ce type de dilemme est tout sauf anodin, la propriété du logement étant en elle-même une source à part entière de sécurité et de statut social[1] : à profession et revenu donnés, les personnes propriétaires de leur logement jugent leur situation sociale globalement plus favorable que les personnes locataires. Dans un contexte d'incertitude sur l'avenir des retraites, la propriété du logement est également une forme d'assurance contre les hausses futures de loyers. Renoncer à la propriété pour éviter la relégation territoriale revient à sacrifier une forme de statut social à une autre.

En réalité, l'analyse détaillée de l'évolution des statuts d'occupation du logement déclarés dans les enquêtes sur l'emploi suggère que les familles des classes moyennes ne se sont résignées à renoncer ni à leur statut patrimonial ni à leur statut territorial, préférant rogner d'autres postes de

1. Voir Régis Bigot et Sandra Hoibian, « Les difficultés des Français face au logement », *Cahier de recherche du CREDOC*, 2009.

leur budget pour préserver ces deux éléments essentiels à leur identité sociale. Après une période de stagnation, les proportions de propriétaires et d'accédants à la propriété ont même repris leur croissance dans les années 2000, augmentant à un rythme à peu près aussi rapide pour les catégories intermédiaires que pour les catégories supérieures du salariat, passant de 57 % à 64 % pour les premières et de 62 % à 69 % pour les secondes. Cette évolution s'observe aussi bien pour les ménages les plus jeunes que pour les ménages plus âgés. Au sein des classes moyennes, la proportion de propriétaires et d'accédants tend même à progresser plutôt plus vite chez les trentenaires que chez les cinquantenaires (où elle est déjà très élevée).

Au fil de cette décennie, ce ne sont pas les classes moyennes qui décrochent face à la flambée des prix, mais bel et bien les catégories modestes, ouvriers et employés, parmi lesquels les propriétaires et accédants continuent de stagner un peu au-dessous de 50 %. En dix ans, après être longtemps restées stables, les inégalités devant la propriété immobilière se sont brutalement creusées, non pas entre les catégories supérieures et les catégories intermédiaires, mais entre les catégories supérieures et intermédiaires, d'un côté, et les catégories les plus modestes, de l'autre (voir graphique 5).

Dans une étude récente, des chercheurs de l'INSEE démontrent que la montée des inégalités devant l'accès à la propriété s'est accompagnée d'une évolution elle aussi très inégalitaire du poids des dépenses de logement dans les budgets[1]. Ainsi

---

1. Jérôme Accardo et Fanny Bugeja, « Le poids des dépenses de logement depuis 20 ans », in *Cinquante ans de consommation en France*, INSEE, 2009. On entend par « dépenses de logement » les remboursements des prêts, les loyers, les charges, les dépenses d'eau et d'énergie ainsi que les assurances et impôts immobiliers. Voir également la thèse de Fanny Bugeja, *Contraintes budgétaires du logement, stratification sociale et modes de consommation : une étude comparative France/Royaume-Uni*, Paris, Mimeo, CREST, 2010.

GRAPHIQUE 5
ÉVOLUTION DE LA PROPORTION DE PROPRIÉTAIRES ENTRE 1990 ET 2009, SELON LA CATÉGORIE SOCIOPROFESSIONNELLE

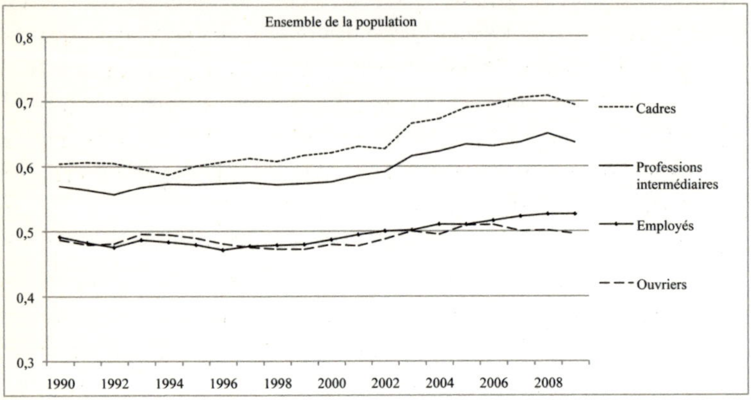

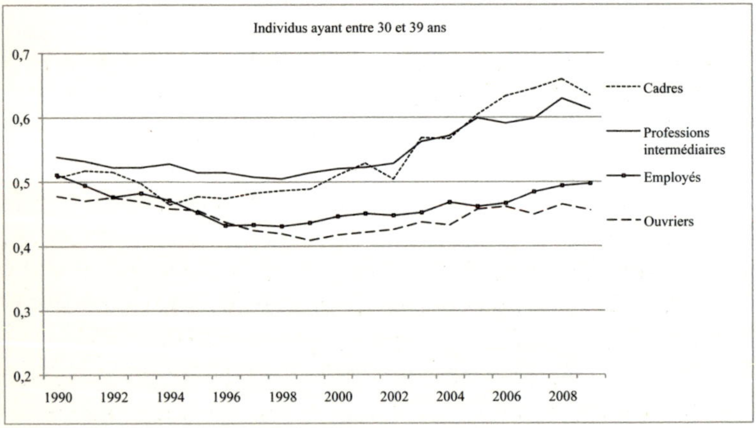

Source : enquêtes Emploi, 1990-2009, INSEE.

Lecture : en 2009, 64 % des professions intermédiaires sont propriétaires ou accédants à la propriété. Entre 1990 et 2009, les inégalités devant la propriété du logement se sont accrues entre les cadres et les professions intermédiaires, d'une part, et les ouvriers et les employés, d'autre part.

compris, le logement est non seulement devenu, et de loin, le principal poste de dépenses du budget des ménages (18 % du budget en moyenne), mais il est surtout devenu le poste le plus discriminant socialement, contraignant les ménages modestes dans des proportions considérablement plus importantes que les ménages aisés. Selon l'INSEE, le logement représente aujourd'hui près de 30 % du budget des familles les plus pauvres (dernier quintile) et moins de 15 % du budget des 20 % les plus riches (premier quintile). Aucun autre poste du budget ne crée de tels clivages, de telles inégalités dans les dépenses. À taille du logement donnée, il est en fait beaucoup plus difficile pour un ménage modeste de se loger aujourd'hui qu'il y a vingt ans, tandis que c'est plutôt plus facile pour les familles des classes moyennes et les plus aisées. Entre 1985 et 2005, le poids de chaque mètre carré de logement dans le budget a baissé pour les ménages les plus riches et les classes moyennes, tandis qu'il explosait pour les ménages les plus pauvres (+40 %). Facteur aggravant, le creusement de ces inégalités entre le haut et le bas de la société a eu tendance à s'accélérer au cours de la dernière décennie.

De quelque manière que l'on prenne le problème, les classes moyennes ont objectivement mieux résisté que les classes populaires sur le marché du logement. En matière résidentielle comme en matière scolaire ou sur le marché du travail, elles ont plutôt consolidé leurs avantages que perdu du terrain. Cela ne va pas sans inquiétudes ni tensions psychologiques, ne serait-ce que parce que le simple maintien du statut passe par des sacrifices de plus en plus grands. Selon le CREDOC, le logement est ainsi perçu comme une charge lourde (voire très lourde) par une proportion de plus en plus grande de classes modestes, mais aussi – c'est plus récent – par un nombre croissant de ménages des classes moyennes. De fait, pour rester propriétaire et demeurer dans les meilleurs quartiers, les familles des classes moyennes ont certainement dû se résigner à des logements de moindre taille ou de moindre qualité que ceux auxquels les variations de prix leur auraient permis de postuler à d'autres époques [1]. Sacrifice pour garder son statut ?

1. Toutefois, notre base de données administratives contient des informations sur la taille et le confort des logements qui révèlent que, sur la dernière décennie, ces deux paramètres ont davantage progressé pour les classes moyennes que pour les autres classes sociales. Sans doute les progrès sont-ils moindres que ceux qui auraient pu être obtenus sans hausses de prix, mais on ne peut de nouveau parler de recul ni dans l'absolu, ni relativement aux autres classes sociales.

CONCLUSION

Réformer le (contre) modèle français

La société française est engagée depuis trente ans dans une profonde transformation, marquée d'un côté par le déclin des classes populaires traditionnelles, de l'autre par l'hégémonie d'une nouvelle élite de cadres, d'ingénieurs et d'experts hyperdiplômés. Prises entre ces deux mouvements, les classes moyennes ont acquis une place pivot dans les hiérarchies de revenus et de statuts, position d'autant plus centrale que leurs effectifs ont continué à grossir. Dès lors, elles sont devenues l'un des groupes les plus importants de l'espace social.

Passée largement inaperçue, cette évolution est tout à fait fondamentale : elle confère un rôle inédit d'arbitre à une classe sociale dont le dynamisme repose sur une capacité jamais démentie à résister au déclassement, à s'élever dans la société en dépit des obstacles, à pousser ses enfants le plus loin possible, aiguillonnée par une anxiété et une peur de déchoir sans équivalent dans l'espace social. Au terme de cette étude, la tentation est grande de repenser les politiques sociales et fiscales en fonction des inquiétudes de ce nouveau juge de paix, d'autant plus qu'il se perçoit traditionnellement comme un oublié de l'action publique – et comme ne devant ses succès qu'à lui-même.

Classes moyennes et politiques fiscales

Une réorientation de l'action publique en faveur des classes moyennes ne va pourtant pas de soi. Leur situation professionnelle demeure bien mieux protégée que celle du salariat modeste. On trouve en leur sein toujours autant de familles en voie de promotion sociale, et toujours aussi peu de familles touchées par le déclassement. Dans le sillage des dernières grandes réformes scolaires, leurs enfants tendent de plus en plus à s'élever au-dessus de leurs parents et de moins en moins à tomber au bas des hiérarchies scolaires et sociales. Au fil des décennies, les familles des classes moyennes ont eu à faire face à des transformations économiques et à des changements institutionnels inédits, mais elles se sont chaque fois adaptées, modifiant continuellement leurs stratégies contre le déclin et la régression sociale. En fin de compte, elles ont préservé leurs positions, tandis que le salariat modeste (ouvriers et employés) était frappé de plein fouet par la montée du chômage, la précarité et les difficultés de logement.

Naturellement, avec la récession, la compétition sociale est devenue de plus en plus dure. La résistance des classes moyennes ne va pas sans tensions psychologiques croissantes. Leurs atouts sont précaires et leur situation incertaine : elles n'ont jamais été aussi anxieuses pour leur avenir et pour celui de leurs enfants. Dans un récent rapport, le médiateur de la République soulignait la montée d'un fort sentiment d'injustice au cœur de la société française[1]. Beaucoup de Français ont l'impression de

1. Médiateur de la République, rapport de 2010.

travailler pour les autres et soupçonnent leurs concitoyens de tricher ou de bénéficier d'avantages indus. Ce sentiment d'injustice est particulièrement répandu chez les personnes situées entre le haut et le bas de la distribution des richesses, trop riches pour bénéficier de l'aide sociale, pas assez toutefois pour éviter l'impôt.

L'opacité et l'incohérence croissantes du système fiscal français avivent ce ressentiment. Bénéficiaires d'une kyrielle d'exonérations, les revenus du capital échappent aujourd'hui en grande partie à l'impôt[1], tandis qu'à l'inverse la quasi-totalité des revenus du travail y sont soumis. Dès lors, les familles de rentiers paient proportionnellement moins d'impôts que l'immense majorité des classes moyennes, pour lesquelles le travail représente la source essentielle de revenus. Combinée à l'émergence de salaires exorbitants dans la finance et les directions générales, cette injustice fiscale attise la défiance traditionnelle des classes moyennes vis-à-vis des « gros » et des institutions. Une profonde réforme de la fiscalité du patrimoine s'impose avant que la restauration d'une aristocratie de rentiers ne déchire définitivement un pacte social déjà mal en point.

Transferts sociaux : quels bénéfices ?

Au fondement du ressentiment des classes moyennes, on retrouve un autre clivage douloureux de la société française : une large fraction de la population ne peut aujourd'hui survivre que grâce à une aide sociale financée en grande partie par les classes moyennes. Dans une analyse fouillée des prélèvements

1. Voir Camille Landais, Thomas Piketty et Emmanuel Saez, *Pour une révolution fiscale. Un impôt sur le revenu pour le* XXI*e siècle*, Paris, Seuil/La République des Idées, 2011.

et prestations en France[1], l'INSEE montre qu'en 2008 les ménages des classes moyennes ont payé sous forme d'impôts directs et de contributions sociales environ trois fois plus (par équivalent adulte) qu'ils ne recevaient sous formes de prestations sociales (prestations familiales, *minima* sociaux et allocation au logement). Pour ces familles, le revenu disponible, une fois payées les taxes et reçues les prestations, est d'environ 10 % plus faible que le revenu avant redistribution. Pour les ménages les plus pauvres (dernier quintile de niveau de vie), le bilan est complètement inversé : ils reçoivent près de neuf fois plus qu'ils ne paient et leur revenu disponible est près de 50 % plus élevé que le revenu avant redistribution.

Comme le reconnaît l'INSEE, il est vraisemblable que ce type de calcul donne une vision exagérément déséquilibrée des transferts entre classes sociales. Il néglige le fait que les classes moyennes d'aujourd'hui sont (en partie) les pauvres d'hier et qu'elles ont donc, par le passé, compté parmi les bénéficiaires nets du système. Inversement, certains des pauvres d'aujourd'hui rejoindront bientôt les classes moyennes et deviendront contributeurs nets à leur tour. Pour une comptabilité plus juste, il faudrait également tenir compte des services publics d'enseignement ou de santé : l'enseignement supérieur bénéficie beaucoup plus aux enfants des classes moyennes qu'à ceux du salariat modeste.

Le jeu des transferts sociaux, au fil des décennies, est plus complexe que ne le laisse penser la photographie du système chaque année, mais cette dernière correspond sans doute davantage à la façon dont les familles des classes moyennes perçoivent, au jour le jour, la mécanique de l'aide sociale. Or celle-ci demeure une incontestable source de crispations. Quand on les interroge

1. Les classes moyennes correspondent ici aux 40 % de ménages dont les revenus sont compris entre les 20 % et les 60 % les plus riches (deuxième et troisième quintiles). Voir François Marical, « Les mécanismes de réduction des inégalités de revenus en 2008 », *France portrait social*, INSEE, 2009.

sur l'opportunité d'augmenter les impôts pour accroître les ressources des plus défavorisés, une majorité de personnes pauvres comme de personnes riches s'y déclare favorable ; mais c'est l'inverse pour les membres des classes moyennes[1].

Réformer l'action de l'État

Le sentiment d'être traitées injustement par rapport aux bénéficiaires d'allocations (particulièrement quand ils sont issus de l'immigration) et la réticence à payer davantage d'impôts ne sont certes pas nouveaux au sein des classes moyennes. Toutefois, plusieurs tendances de fond contribuent à accroître cette défiance, au premier rang desquelles l'émergence de régulations de plus en plus concurrentielles, liées notamment à la diffusion générale de l'éducation, à l'extension du salariat et au rôle croissant des diplômes pour l'accès aux statuts les plus protégés. Dans un monde dominé par une logique de concours et par l'idéologie du mérite individuel, tout ce qui paraît fausser la concurrence entre les individus, à l'école ou sur le marché du logement, devient vite insupportable. Comme le rappellent crûment les enquêtes ethnographiques, aider les pauvres et les immigrés ne pose pas de problème tant qu'il n'y a aucun risque de les voir sortir de leurs cités et de leurs usines ; en revanche, les choses se compliquent lorsque, profitant des aides, ces pauvres s'installent en face de chez vous, envoient leurs enfants dans les mêmes écoles que les vôtres et postulent aux mêmes emplois que vos proches.

Cette transformation de la société en une espèce de mêlée générale pour quelques statuts protégés s'accompagne d'un rétrécissement de l'action de l'État, ce qui accentue les effets

1. Voir Caroline Guibet Lafaye, « Quelle politique fiscale ? » *in* Michel Forsé et Olivier Galland, *Les Français face aux inégalités et à la justice sociale*, Paris, Armand Colin, 2011. Dans cette étude, les classes moyennes sont définies comme bénéficiant de revenus mensuels nets compris entre 1 200 et 3 100 euros.

délétères sur le lien social. Depuis la fin des années 1970, l'État-providence s'est appauvri et a réservé l'aide sociale à des catégories de plus en plus étroitement délimitées de bénéficiaires[1]. Ce ciblage croissant est perceptible dans tous les domaines de l'intervention publique, par exemple la lutte contre la pauvreté (avec le RMI puis le RSA), mais également les politiques scolaires (ZEP, aide individualisée) et les politiques urbaines (zones franches).

Ainsi conçues, les politiques sociales ont l'avantage apparent de concentrer les ressources là où les problèmes semblent les plus aigus ; mais elles ont l'inconvénient majeur d'instituer une coupure statutaire entre les individus éligibles à l'aide et les non-éligibles. Ce « marquage » des bénéficiaires potentiels peut s'avérer complètement contre-productif, particulièrement quand il contribue à les enfermer dans une représentation dévaluée d'eux-mêmes : dans les pays où elles ont été expérimentées, on a pu montrer que les politiques d'aide personnalisée en direction d'élèves identifiés comme « en difficulté » étaient suivies non pas d'une hausse de leurs résultats, mais d'une stagnation, voire d'une baisse[2]. Même quand il n'est pas facteur d'inefficacité, le marquage des bénéficiaires peut les désigner aux yeux des autres comme des « privilégiés » et contribuer à accroître encore le sentiment d'injustice à l'égard des dispositifs de redistribution.

L'urgence n'est donc pas de concevoir un nouvel agenda politique spécifiquement destiné aux classes moyennes, mais de rendre les politiques existantes moins anxiogènes et injustes

1. On estime que la part des prestations sociales et familiales sous condition de ressources dans l'ensemble des prestations est passée d'environ 33 % à 63 % entre le milieu des années 1970 et le début des années 2000. Sur ce point, voir Julien Damon, « La mise sous condition de ressources des allocations familiales : une discrimination vraiment positive ? », *Revue de droit sanitaire et social*, vol. 44, n° 2, 2008.

2. Voir François Keslair, Éric Maurin et Sandra McNally, *Every Child Matters ?*, IZA DP, n° 6069, 2011.

aux yeux des classes moyennes. Cette évolution passe par un retour à des programmes moins explicitement ciblés sur des publics particuliers, l'action de l'État devant créer de la continuité et de la mobilité dans la société plutôt que des effets de seuil, des clivages et des statuts. Au lieu d'aider spécifiquement quelques districts scolaires (ou quelques territoires) dûment identifiés et désignés comme « difficiles », il serait préférable de définir une politique universelle d'allocation de ressources aux écoles (ou aux territoires) en fonction du profil sociologique moyen des publics qui effectivement les fréquentent (ou les habitent). Il n'y aurait pas d'écoles ou de territoires à statut « prioritaire », mais une variation continue des ressources publiques d'une école à l'autre en fonction du niveau socioculturel moyen des familles qui y inscrivent leurs enfants; et chaque école verrait ses ressources constamment réévaluées en fonction de l'évolution du niveau socioculturel de ses élèves. Dans les systèmes scolaires où ce type de programme est en place (comme les Pays-Bas), le surcroît de ressources publiques reçu par les écoles des quartiers difficiles est, au bout du compte, bien plus élevé que celui auquel le système des zones prioritaires a conduit en France.

Il ne faut pas sous-estimer la difficulté des programmes visant à redéfinir les politiques publiques. Ils posent d'importants problèmes d'ingénierie sociale: il est toujours plus facile de gérer un système où le statut des bénéficiaires est circonscrit et stable dans le temps que de piloter un programme où les aides doivent se recalculer chaque année pour l'ensemble de la population. Une seconde difficulté tient à l'impératif de médiatisation qui frappe aujourd'hui toute action publique: une action ciblée sur les publics ou les territoires en difficulté est par nature beaucoup plus facile à énoncer, à justifier et à mettre en scène qu'une obscure redéfinition d'un barème de distribution des aides.

La dernière difficulté est la plus profonde: concentrer l'aide sociale sur les seules situations extrêmes est une façon de renoncer à réformer la société en profondeur. On se donne le confort d'une action publique qui semble aller de soi, mais qui en réalité laisse intactes les causes profondes des problèmes. Dans le domaine scolaire par exemple, une politique axée sur le soutien personnalisé aux élèves en grande difficulté est aussi, en pratique, une politique qui ne remet pas en cause ce qui, dans le fonctionnement général de l'école, provoque ces difficultés, ces « décrochements » scolaires et, en fin de compte, ce ressentiment. C'est une politique qui dédouane implicitement le système de toute responsabilité dans le fait que tant d'élèves et de collégiens sont en très grande difficulté tout au long de leur scolarité obligatoire et arrivent à 16 ans en sachant à peine lire et écrire.

Comme avant chaque grande échéance électorale, droite et gauche vont essayer de mobiliser les « classes moyennes » en attisant leur peur de déchoir, chaque camp accusant l'autre de mettre en péril les quelques protections dont jouissent les membres de ce groupe social. L'enjeu politique est de taille, puisque les classes moyennes se situent, davantage encore qu'à d'autres époques, au centre de l'échiquier politique. Dans un pays hiérarchique comme le nôtre, une telle politique de la peur présente pourtant de graves dangers : la peur de chuter y devient, plus facilement qu'ailleurs, une peur des autres, un rejet de la concurrence qu'ils représentent pour l'accès aux quelques statuts scolaires et professionnels autour desquels notre vie sociale gravite obsessionnellement.

Attiser les peurs, c'est finalement se retrouver piégé dans une position étriquée et conservatrice de défense des « acquis » de quelques-uns au détriment du besoin de protection des autres. Disons-le franchement : pour la gauche, cette position est contre nature. Pour sortir de cette impasse et mobiliser les classes moyennes sur des projets positifs de progrès collectif, il est nécessaire de retrouver le chemin de réformes non plus ciblées et étroitement catégorielles, mais résolument universelles : il s'agit de permettre à chacun d'envisager plus sereinement, à l'échelle de sa vie tout entière, les grandes transitions qui jalonneront sa trajectoire. À l'école, sur le marché du travail, dans tous les secteurs de notre vie sociale, domine encore aujourd'hui une logique de concours, de rationnements, de choix et de bifurcations irréversibles, particulièrement anxiogène et destructrice pour le lien social. Tant que ce modèle n'aura pas été réformé, tant que les transitions entre école et emploi, emploi et chômage, activité et retraite, resteront perçues comme d'opaques échéances-couperets, les classes moyennes resteront les agents et les victimes d'une société crispée par le soupçon, la défiance mutuelle et l'insécurité sociale.

Annexe

Évolution de la structure sociale entre 1962 et 2009

	Effectifs des groupes sociaux (en milliers)				
	1962	1982	1996	2009	Évolution 2009/1962
Classes supérieures	991	1 917	3 044	4 371	+3 430
dont cadres	*887*	*1 814*	*2 915*	*4 211*	*+3 324*
dont chefs d'entreprise	*104*	*103*	*129*	*160*	*+56*
Classes moyennes	4 080	5 699	6 149	7 658	+3578
dont artisans, commerçants	*1 980*	*1 675*	*1 491*	*1 453*	*-527*
dont professions intermédiaires	*2 100*	*4 024*	*4 658*	*6 205*	*+4105*
Classes populaires	13 887	13 996	13 067	13 497	-390
dont agriculteurs	*3 045*	*1 545*	*769*	*519*	*-2526*
dont employés	*3 466*	*5 571*	*6 388*	*7 423*	*+3957*
dont ouvriers	*7 376*	*6 880*	*5 910*	*5 555*	*-1821*
Ensemble	18 958	21 612	22 259	25 527	+6 569

	Part des groupes sociaux dans l'emploi (en points)				
	1962	1982	1996	2009	Évolution 2009/1962
Classes supérieures	5,2	8,9	13,7	17,1	+11,9
dont cadres	*4,7*	*8,4*	*13,1*	*16,5*	*+11,8*
dont chefs d'entreprise	*0,5*	*0,5*	*0,6*	*0,6*	*+0,1*
Classes moyennes	21,5	26,4	27,6	30,0	+8,5
dont artisans, commerçants	*10,4*	*7,8*	*6,7*	*5,7*	*-4,7*
dont professions intermédiaires	*11,1*	*18,6*	*20,9*	*24,3*	*+13,2*
Classes populaires	73,3	64,7	58,7	52,9	-20,4
dont agriculteurs	*16,1*	*7,1*	*3,5*	*2,0*	*-14,1*
dont employés	*18,3*	*25,8*	*28,7*	*29,1*	*+10,8*
dont ouvriers	*38,9*	*31,8*	*26,5*	*21,8*	*-17,1*
Ensemble	100	100	100	100	

Champ : population active occupée, hormis les militaires du contingent. Effectifs en milliers.

Source : enquêtes Emploi, 1982, 1996, 2009, INSEE. Pour 1962 : estimations Baudouin Seys (1986)* à partir du double chiffrement du recensement de 1982 et du recensement de 1962.

Lecture : les classes moyennes représentent 7 658 000 actifs occupés en 2009, contre 4 080 000 en 1962. Elles représentent 30 % des emplois en 2009, contre 21,5 % en 1962.

* Baudouin Seys, « De l'ancien code à la nouvelle nomenclature des catégories socioprofessionnelles », *Archives et documents*, n° 156, 1986.

Table

Le Seuil s'engage pour la protection de l'environnement

Ce livre a été imprimé chez un imprimeur labellisé Imprim'Vert, marque créée en partenariat avec l'Agence de l'Eau, l'ADEME (Agence de l'Environnement et de la Maîtrise de l'Énergie) et l'UNIC (Union Nationale de l'Imprimerie et de la Communication).

La marque Imprim'Vert apporte trois garanties essentielles :

- la suppression totale de l'utilisation de produits toxiques ;
- la sécurisation des stockages de produits et de déchets dangereux ;
- la collecte et le traitement des produits dangereux.

RÉALISATION : PAO ÉDITIONS DU SEUIL
IMPRESSION : CORLET IMPRIMEUR S.A. À CONDÉ-SUR-NOIREAU
DÉPÔT LÉGAL : JANVIER 2012. N° 107147 (142781)
Imprimé en France

Thuiskomen

Freddy van Ee is een succesvol schrijfster die met haar twee katten in een schattig dijkhuisje in Amsterdam-Noord woont. Ze houdt er niet van om in de belangstelling te staan, maar laat zich toch door haar uitgeefster overtuigen om mee te doen aan een tv-spelletje. In het panel zit ook de beroemde Nick Jacobs, een van oorsprong Nederlandse countryzanger die vroeg in zijn carrière naar de VS is verhuisd en nu in Nederland is omdat zijn moeder zorg nodig heeft. Nick en Freddy vinden, vol verwondering, iets bij elkaar waarvan ze beiden niet hadden gedacht dat het nog zou kunnen.

De half-Surinaamse Odile Norton is opgevoed door haar alleenstaande moeder Serafina, die nooit heeft willen zeggen wie Odiles vader is. Wat Odile wel weet is dat het iemand was die heel speciaal was voor haar moeder. Als Serafina ongeneeslijk ziek wordt, verbreekt Odile haar toch al slechte relatie en trekt bij haar moeder in. Zal Serafina haar zwijgen over Odiles afkomst nog doorbreken voordat het te laat is?

Onder de bomen-serie: *Lentegroen, Zomerloof, Herfstrood, Winterzon*

Een sprankelende serie die zich afspeelt in de Nederlandse natuur, met een stoere vrouwelijke boswachter in de hoofdrol. Heerlijke hedendaagse feelgood waarin actuele thema's voorbijkomen en waarin natuurlijk ook ruimte is voor de liefde.

Verkrijgbaar als

'Nul komma nihil keer,' zei Freek, met een uitdrukking op zijn gezicht die het perfecte midden hield tussen besmuikt en beschaamd.

'Nou, dat bedoel ik. Eigenlijk wonen we toch gewoon al samen? Soort van?'

'Eigenlijk wel,' gaf hij toe, 'maar het is natuurlijk pas officieel als je het hebt uitgesproken naar elkaar.'

'Dat is waar.'

Even keken ze elkaar lang en ernstig aan; een intense, peilende blik die bij hen allebei tot in de ziel reikte. Toen lachte Sylvie. 'Kom, zullen we maar opstaan? Ik ben meteen helemaal klaar met liggen.'

'Ik ook,' zei Freek.

Het leek wel alsof de kinderen voelden dat er iets aan de hand was, want hoewel het zondag was en ze alle recht hadden om lang en puberachtig uit te slapen, stonden ze om een uur of acht aangekleed en wel beneden.

De ontbijttafel was al gedekt, en Sylvie had haar best gedaan er iets extra feestelijks van te maken. Ze was bezig eieren te bakken, en misschien had de geur van gebakken bacon die heerlijk door het huis dreef, vermengd met de geur van verse koffie en herfstige natuur – Freek had de tuindeur open laten staan toen hij naar Jack was gelopen om hem even wat vers hooi en een appeltje of twee te geven – ook wel bijgedragen aan het vroege opstaan van de kinderen.

'Wat is er aan de hand, mam?' vroeg Ties, die natuurlijk direct doorhad dat de sfeer anders was dan anders.

'We hebben iets te vieren, denk ik,' zei Sylvie, een beetje onhandig, terwijl ze uit de keuken kwam met de koekenpan om op ieder bord een eitje en wat spek te leggen.

Freek kwam uit de stal, liep naar binnen en de keuken in,

waste zijn handen en ging daarna met een brede glimlach op zijn stoel zitten. Achter hem, buiten, liep Jack nieuwsgierig zijn stal uit om vervolgens zijn hoofd naar binnen te steken door de tuindeur. Ties sprong op van haar stoel om zijn neus even te aaien en tegen hem te praten, en hij maakte een paar van die zachte, vragende hinnikgeluidjes naar haar.

'Nog even en hij is meer op Ties gesteld dan op mij,' zei Freek lachend, en met een gezicht alsof hij dat helemaal niet erg zou vinden.

'Ze heeft goed voor hem gezorgd, hoor, die paar keer dat je het aan haar hebt overgelaten!' Sylvie grijnsde hem tegemoet.

'Dat heb ik wel gezien, ja,' zei hij, met zo'n ingehouden vrolijkheid dat Ties Jack een kus op zijn neus gaf, zich naar de eettafel keerde en zei: 'Ja, kunnen jullie nu gewoon vertellen wat er aan de hand is?'

'Zal ik het doen of wil jij...?' vroeg Sylvie aan Freek.

'Doe jij het maar,' zei hij zachtjes, en toen stopte hij gauw een stukje bacon in zijn mond.

Sylvie kon een grinnik niet onderdrukken; ze wist intussen wel van hem dat hij nooit met zijn mond vol zou praten.

'Nou,' zei ze toen, met een diepe ademteug, 'Freek vroeg me vanochtend of, eh, of we bij hem willen komen wonen in het grote huis, als het af is. En omdat nu dat geld er is, dus, kan het waarschijnlijk een stuk sneller klaar zijn dan hij in gedachten had, en, eh, dus...'

'Jaaaaaaahhh!' riep Ties uit. 'Dat wil ik, dat wil ik!' Ze was net bezig te gaan zitten, maar sprong meteen weer omhoog om door de kamer te dansen en vervolgens Freek om zijn nek te vliegen en hem een kus op zijn wang te geven.

Hans-Willem glimlachte voorzichtig; Sylvie zag wel dat hij aangestoken werd door Ties' vrolijkheid, maar ook dat hij onzeker was over zijn positie in deze nieuwe situatie.

Freek had dat ook in de gaten. 'Hans-Willem,' zei hij ernstig, 'je bent altijd welkom op het grote huis. Als je bij Ties wilt slapen, dan kan dat, en als je bij je vader wilt slapen, nou, dat kan natuurlijk ook. Maar voel je vooral welkom, en weet dat je deel uitmaakt van ons gezelschap.'

'Dank je wel, Freek,' zei Hans-Willem, een beetje aangedaan, 'ik vind het echt zo lief van jullie dat jullie zo gastvrij voor me zijn, de hele tijd. Ik... het gaat wel weer beter met mij en mijn vader, en ik ga vast ook wel weer vaker thuis slapen, maar het is echt superfijn om me zo welkom te voelen. Dus, eh... ik heb het wel al eerder gezegd, maar dank je wel. Jullie allebei.'

Sylvie voelde iets prikken achter haar ogen, zeker toen Ties opnieuw uit haar stoel schoot, nu om haar vriendje te omhelzen en te kussen, maar vlak voordat dat te ernstig werd ging Sylvies mobiel.

'Het nummer van Vriesebosch?' Ze keek verbaasd op van het schermpje.

'Op zondagmorgen?' Freek keek precies zo verbaasd als zij zich voelde.

Met toch wel een licht ongerust gevoel nam ze op. 'Sylvie van Foreeste?'

'Ja, goeiemorgen, sorry dat ik vroeg bel, op een zondag, ik hoop dat je het niet erg vindt. Ik ben Barbara van der Werf, het nieuwe provinciehoofd.'

'O,' zei Sylvie verbaasd, 'ik wist helemaal niet...'

'Het is allemaal nogal snel gegaan, en in stilte, en ik begrijp dat er wat zaken zijn gebeurd die niet helemaal... in lijn waren met het beleid van Staatsbosbeheer. Ik ben vrijdag aangesteld, in eerste instantie voor een half jaar, om orde op zaken te stellen, maar als het van beide zijden bevalt zou ik kunnen blijven. Ik heb gisteren een pak dossiers doorgeworsteld, en

hoewel ik van plan ben om alle andere boswachters morgen te bellen om me voor te stellen, wilde ik eerst zo snel mogelijk met jou contact opnemen. Het is onbestaanbaar hoe het gegaan is met je woonruimte. Ik begrijp dat jij en je dochter intussen in ieder geval tijdelijk onderdak hebben gevonden op landgoed Woudenbergh, maar ik wilde je meteen laten weten dat, mocht je dat willen, je terug kunt naar het boshuisje, en dan nu ook echt voor onbepaalde tijd, en dat je bij je verhuizing alle eventuele kosten gewoon kunt declareren. Als graaf Woudenbergh kosten heeft gemaakt, zie ik die declaratie ook graag tegemoet, uiteraard.'

'O,' zei Sylvie, even sprakeloos, 'jeetje. Dat zag ik echt helemaal niet aankomen! Vind je het goed als ik even aan mijn dochter vertel wat je zojuist hebt gezegd?'

'Uiteraard,' zei Barbara.

Sylvie hield haar vinger over het microfoontje van haar mobiel en zei snel en zacht: 'Vriesebosch is al weg! Dit is – in ieder geval interim – zijn opvolger: een vrouw die Barbara heet. Komt heel vriendelijk over; ze zegt dat we per direct terug kunnen naar het boshuisje, en dat Staatsbosbeheer alle kosten vergoedt. Ze heeft zich gisteren ingelezen en wilde vandaag meteen bellen, ook al is het zondag.'

Ties zette grote ogen op, en daarna fluisterde ze dringend: 'Mam! Dat ga je toch niet doen, hè?'

Sylvie keek even naar Freek, die een beetje wit was geworden en heel zorgvuldig, mechanisch bijna, de hap brood met gebakken ei die hij in zijn mond had, kauwde en vervolgens doorslikte. Hij keek haar niet aan; hij keek naar zijn koffiekopje.

Het was aan haar. De beslissing moest genomen worden, door haar, door haar alleen, en ze kon alle kanten uit. Ze kon haar gekoesterde zelfstandigheid bewaren, vergroten zelfs, of

ze kon... ze kon... Ze keek nog een keer naar Freek, snel, door haar oogharen: daar zat hij, groot, aantrekkelijk, bijna tastbaar onzeker en meteen zo onhandig met zichzelf dat het vertederend werd. Ze was zo dol op hem dat het bijna pijn deed, en ineens wist ze, alsof er een ballon van onzekerheid werd doorgeprikt, precies wat ze moest doen. Er was helemaal geen keus.

'Barbara?' vroeg ze in haar mobiel.

'Ik ben er nog, hoor,' klonk het aan de andere kant van de lijn. 'Ik begrijp het ook als je er even over moet nadenken, of als je tijd nodig hebt om de boel te organiseren, natuurlijk; het is altijd zo'n gedoe, hè, verhuizen.'

'Ja,' zei Sylvie, haar hart licht in haar borstkas. 'Het is een vreselijk gedoe, en ik zie er nu al tegen op als ik me bedenk dat het nog een keer zal moeten, maar we gaan niet terug naar het boshuisje. We gaan, eh... Nou, de graaf en ik, Freek en ik, we hebben, eh, een relatie, en hij heeft me juist vanmorgen gevraagd of we bij hem in het grote huis willen komen wonen als de renovatie is afgerond. Dus, eh...'

'O, wat leuk,' zei Barbara hartelijk, 'gefeliciteerd! Ik kan me wel voorstellen dat het boshuisje niet opweegt tegen het wonen in zo'n groot landhuis; ik zou het ook wel weten, hoor! Nou, ik zie ernaar uit om je in levenden lijve te ontmoeten, ik zie in je dossier dat je de afgelopen maanden in De Grote Weijde een heleboel hebt gedaan en geregeld, dus ik ga ervan uit dat we een interessant gesprek gaan hebben. Je hebt vast al allerlei plannen voor volgend jaar.'

'Nou, ja, inderdaad,' zei Sylvie, een beetje overdonderd, 'en ik heb intussen goed contact met de gemeenteraad en de politie, dus...'

'Fantastisch,' zei Barbara, 'dat heb je echt snel gerealiseerd allemaal. Nou, ik ga ophangen, het was fijn even kennis te

maken; geniet van je zondag verder, hè?'

'Dank je wel, jij ook, en tot snel.' Sylvie bleef nog even naar haar mobiel staren en mompelde toen: 'Zo, dat is een frisse wind! Het zal wel heel anders worden, om met zo'n vrouw samen te werken...'

'Beter anders?' vroeg Ties.

'Heel veel beter anders,' zei Sylvie, en toen keek ze naar Freek. Hij zat doodstil, en slikte af en toe een beetje moeilijk. 'Wat is er, lieverd?' zei ze tegen hem, maar hij schudde zijn hoofd, schoof ineens ruw zijn stoel naar achteren, stond op en liep met grote stappen de tuin in. Langs Jack naar de rozentuin, waar Sylvie zag hoe hij, zijn benen onzichtbaar door de heg, zijn handen een paar keer door zijn haar haalde en naar de lucht staarde, zijn rug naar het koetshuis gekeerd.

'Wat is er met Freek?' vroeg Ties verbaasd.

'Ik... weet het niet precies,' zei Sylvie, 'ik denk dat ik maar even bij hem ga kijken.'

Op haar slippers, zonder vest, liep ze de koele herfstmorgen in. Het was halfbewolkt en al behoorlijk fris op de momenten dat de zon niet scheen, maar precies toen ze bij Freek was aanbeland brak er een warme, gouden straal door het wolkendek.

'Freek,' zei ze zachtjes, toen ze hem had bereikt. Hij reageerde niet, dus legde ze een hand op zijn arm.

Nu reageerde hij wel: hij keerde zich half naar haar toe en ze zag dat er een paar tranen over zijn wangen naar beneden waren gerold. 'Ik ben zo opgelucht,' mompelde hij een beetje verstikt. 'Ik wilde de kinderen niet laten zien...'

'Nee, snap ik,' zei ze, en ze legde haar armen om zijn hals.

Hij trok haar tegen zijn grote, warme lichaam aan en even genoten ze ervan: zo samen te staan in die herfstige zonne-

straal. ‘Het was ook de eerste keer dat je het zei,’ mompelde hij zachtjes.

‘Dat ik wat zei?’

‘Dat we een, eh, relatie hebben. De eerste keer dat je het zo zei, tegen een wildvreemd iemand, bedoel ik. Ik heb altijd wel gemerkt dat je reserves inbouwde, dat je veiligheidsmarges aanhield. Dat maakte het voor mij ook moeilijk; ik wilde je graag vertellen wat ik voor je voel, want ik h-hou van je, maar ik durfde dat niet aan. De vorige keer dat ik dat tegen je zei kreeg ik daarna die meltdown; het was alsof ik het lot zou tarten als ik het hardop zou zeggen. Maar nu, eh, nu zei je dat. Relatie. Zo, in één keer. Dat was...’

Ze kuste zijn lippen zachtjes, zodat hij zou stoppen. Hij glimlachte ervan.

‘Nu niet meer, lieverd,’ mompelde ze tegen hem, ‘nu ga ik het nog heel vaak zeggen, en, eh, ik hou ook van jou, dus. Dat je het weet, gekke Freek!’

‘Mijn vriendin,’ zei hij tegen haar.

‘Mijn vriend,’ zei ze tegen hem, met nog een kus. ‘Zullen we terug naar binnen? Laten we vandaag maar extra hard gaan werken aan het grote huis, want hoe eerder het af is, hoe beter, en dan hoef je je dus helemaal nooit meer zo te voelen als dat jongetje op dat schilderij, want dan zijn we gewoon samen.’

‘Samen,’ zei Freek, en hand in hand, beschenen door die volhardende zonnestraal, liepen ze terug naar het koetshuis.

Lees meer van Jackie van Laren

Q-serie: *Zin, Lief, Ziel*

Iedereen kent de schathemelrijke, razend aantrekkelijke dj Wessel Quist, bijnaam Q. Nina de Wit wil niets liever dan een burgerlijke baan, huis en man. En Q, gedreven door iets onbespreekbaars uit zijn verleden, is allesbehalve burgerlijk.

Vallen

De jonge journaliste Anne Miller werkt voor een blad dat op de rand van de schandaaljournalistiek balanceert en is verloofd met de keurige Ian. Tijdens een interview met Rory Maquary, leadzanger van een wereldberoemde rockband, blijkt Anne een onverwachte klik te hebben met zijn driejarige zoontje. Het jongetje heeft het moeilijk sinds zijn moeder met de noorderzon vertrok en kan wel wat extra aandacht gebruiken. Dan doet Rory een aanbod dat Anne niet kan weigeren: als ze drie weken meegaat met de Amerikaanse tournee van zijn band en op zijn zoontje past, mag ze een exclusief artikel over de band schrijven. Anne pakt zonder aarzelen haar tas en gaat. Ze houdt zichzelf voor dat ze het doet voor haar carrière en voor het kind. Maar bijna tegen wil en dank vallen Anne en Rory voor elkaar. De gevolgen zijn niet te overzien…

Opstaan

Anne Millers hart is gebroken. Na een stormachtig jaar met haar grote liefde, de wereldberoemde rockster Rory Maquary, is hun relatie gestrand. Na even flink uithuilen heeft ze zich herpakt en nu leidt ze een rustig, teruggetrokken leven op St. Mary's, het hoofdeiland van de Britse Scilly-eilanden, waar ze samen met een vriendin een restaurantje runt en Rory probeert te vergeten. Rory wil Anne helemaal niet vergeten. Hij

snapt nog altijd niet waarom het misging, en wil niets liever dan haar vinden en het goedmaken. Maar Anne heeft alle contact met hem voorgoed verbroken en wil niet gevonden worden. Met de moed der wanhoop probeert Rory er dan maar samen met zijn zoontje het beste van te maken. Tot Rory de flamboyante tv-kok Woz leert kennen, met wie hij dikke maatjes wordt. Woz nodigt hem uit om een keer langs te komen op zijn nieuwste kooklocatie, een restaurantje van twee vrouwen op St. Mary's. Een klein reisje met onverwacht grote gevolgen…

De *Eilandliefde*-serie: *Duingras, Stormwind, Springvloed, Tegenstroom, Hoogtij*

Een vijfdelige serie over vriendschap, liefde en grote levensvragen, tegen de achtergrond van de geliefde Waddeneilanden.

De meisjesmagneet

Reinout Hollebeecq is een keurige, wat onzekere jongen uit Baarn die Nederlands gaat studeren in Amsterdam. Hij droomt van de liefde, maar gelooft eigenlijk niet dat iemand als hij ooit serieus genomen kan worden door een meisje. Muziek is zijn enige ontsnappingsmogelijkheid: hij kan prachtig pianospelen en zingen, maar alleen klassiek. Op de etage onder het mini-appartement dat hij onderhuurt, woont een meisje van zijn eigen leeftijd. Ze is bassist in een metalband, heeft een knipperlichtrelatie met de ruige zanger, en leeft een beetje op de rand. Het verschil met zijn eigen achtergrond kan bijna niet groter zijn. Maar als de zanger ziek wordt en het meisje Reinout vraagt om in te vallen in de band, gaat er een wereld voor hem open. Een wereld waarin hij zichzelf opnieuw kan uitvinden. Waarin hij zijn onzekerheid, zijn verlegenheid en zijn maagdelijkheid verliest en tot zijn eigen verrassing een meisjes magneet wordt. Diep in zijn hart doet hij het allemaal voor zijn buurmeisje. Maar die is te beschadigd om wie dan ook zomaar te vertrouwen.